ものと人間の文化史　160

牛車（ぎっしゃ）

櫻井芳昭

法政大学出版局

牛車・目次

第4章　日本の乗用具の変遷と牛車　187

まえがき

重い荷物を効率よく運ぶ車輪の技術は、紀元前三〇〇〇年ころ、メソポタミアで出現したといわれ、人類の偉大な発明の一つである。しかし、日本での車の利用は近世まで、極めて消極的であった。わが国の時代別の主要乗り物をみると、奈良時代の輿、平安時代の牛車、鎌倉・室町時代の馬、江戸時代は駕籠であり、車は平安時代だけである。馬車が主流の欧米に比べると、日本は車を活用しない時代が長く続いた国柄であった。

乗用具の発達形態をおおまかにみると、次の五段階が考えられる。

第Ⅰ段階　人力で乗用具を使って運ぶ――輿、駕籠
第Ⅱ段階　動物に乗って行く――馬など
第Ⅲ段階　人が車輪付きの乗用具で運ぶ――輦車、人力車
第Ⅳ段階　動物が車輪付きの乗用具で運ぶ――馬車、牛車
第Ⅴ段階　動力エンジン付きの乗用具――汽車、自動車

平安時代の牛車は乗用具の発達段階においては、第Ⅳ段階になり、日本では最も高度な段階であったことに注目したい。人が車輪付きの乗用具に乗って、牛に牽《ひ》かせ、牛飼童が運行したのである。し

かし、この伝統は、次の時代へは継承されず牛車は次第に衰退していき、室町時代末期には腰輿、江戸時代は駕籠が主流となって、第Ⅰ段階の原初的な乗用具に戻っている。つまり、乗り物の発達段階では、平安時代をピークにして、その後の約六〇〇年間は退行過程に終始したのである。

平安時代に第Ⅳ段階の高レベルの牛車運行が可能であった理由を追求してみたい。牛車が平安時代畿内での乗り物の主流になるとともに、王朝文化の一翼を担うようになった。その伝統が平安風俗や平安王朝文学として開花するとともに、現代の祭礼のファッション、文様などに受け継がれて、日本文化の特色ある流れを形成している。

小生の住んでいる春日井市（愛知県）は、三蹟の一人である小野道風の誕生地の伝説が残る土地である。これにちなんで、「書のまち・春日井」をアピールするとともに、市民あげての秋の「春日井まつり」では、道風ら一行が牛車に乗って進む華麗な平安行列がメインイベントになって、人気を呼んでいる（ただし、平成二二年以降は牛の調達困難から人曳になってしまった）。牛車の行列は、全国的には京都の葵祭がとくに有名であるが、大名行列、お姫様道中、武者行列などに比べると決して多くはない。しかし、平安の雅《みやび》を伝える華やかな行列として市民の人気は高い。ゆっくり進む牛車のリズムや様相のなかに、日本人の心の奥にひそむ平安文化への憧れがあるように思えてならない。

本書は、先学諸氏の交通史、文学、風俗画などにかかわる研究資料や業績に依拠し、これらをもとに現地見学や聞き取りによってまとめたものである。まだ十分ではないが、交通史や風俗史理解の糸口として活用いただければ幸いである。

第1章

牛車の前史

一　手車のころ

日本で車がいつごろから使われるようになったかは、はっきりした資料は見当らない。日本へ車の技術を伝えたのは、四〜六世紀の高句麗からの渡来人であろうといわれている。大和王権の周辺に移り住んだ高句麗の工人たちが伝えた多くの新技術の一つに車もあったと考えられる。これは高句麗の古墳壁画に残る曲蓋式牛車と平安時代の牛車が外見や車の構造が似ているからである。

日本で乗用の車に関する最初の文献は『日本書紀』の履中天皇五年（四〇四）の天皇の車の製作や運行にあたった「車持君」と「車持部」の記述であるが、車についての具体的状況を伝える内容ではない。しかし、「車持」の姓《かばね》が品部の一つとして存在することは、大和朝廷のなかで車に関する事項を管掌する世襲的な職業が成立していたといえる。遠藤元男『路と車』によると、車持公は上毛野《かみつけぬ》朝臣と同祖で、ここから分派し五世紀末、朝鮮に出兵したことを契機として大陸・半島から車を導入して所有した。そして、『新撰姓氏録』によると、雄略天皇のとき、天皇の乗用として車を献上したことが認められて、「車持公」の姓を賜ったという。その後は天皇の乗り物を独占的に管理・運用した。車の使用がうかがえるのは、雄略天皇（四八二）の、天皇が奈良の葛城山に狩猟に出たとき、「天皇は皇后とともに車に乗って帰った」という記述である。車持公は、求めに応じて車を貸し出した。こうした車持の活動が独占的に行われたのは、六世紀の一時期で、七世紀に入ると特定の部民による形式は次第に解消されていく。これは輸送機関としての車が普及し、私有する有名な豪族も出てきたが、なお車を所有していないものに貸与することは続いていたといえよう。

また。孝徳天皇の大化二年（六四六）には、「轜車《きぐるま》」という葬送用の車の記事がある。これは「大宝律令」にも記されており、親王の四品以上、諸臣は一位と左右大臣のみに轜車を用いることになった。この車の形態はわからないが、柩をのせて人が引くものであろう。しかし、仏教的葬送儀礼である火葬が広まるにつれて、中国的葬送である葬車は使われなくなっていく。平安遷都以後は、轜車のことは史籍には見えなくなっている。

考古資料では、持統天皇によって造営された藤原京（六九四〜七一〇）の井戸から牛車の軛《くびき》やむながい棒二本と轅《ながえ》をつなぐ四角柱の連結具が発掘されている。この都の朱雀大路は道幅二四メートルであったというから、ここを牛車が通行していたのであろう。

二　平城京での車

加藤友康「交通体系と律令国家」によれば、奈良時代の「正倉院文書」に、車を利用した物資輸送に関する内容がいくつか見られる。その特徴は、造東大寺司による東西市《いち》での紙や生鮮食料品の購入、

表1　正倉院文書にみえる車の活動範囲（文献1章20）

車利用の場所	所在地	輸送物資
東西市	――	雑物
節部省	――	綿
紫微中台	――	米
東大寺	――	石灰・堤瓦
泉津	山城国	焼炭・木材・燭松
山口	春日山付近	薪
島宮	大和国	藁
肩野	河内国	瓷坪料土
村屋村	大和国	青菜・草
生馬鷹山	（未詳）	木材（架）・炭
山田池以北 高倉山	山城国	薪
輪束山	山城国	和炭・炭
登美鋳司村	未詳：大和国	和炭
泉狛村	山城国	鋳型料土
佐保山馬庭坂	大和国	白土
河内知識寺	河内国	生銅
車庭→川津	（石山寺）近江国	木材

出典）加藤友康「日本古代における輸送に関する一試論――「輸送手段」の分析を中心として」『原始古代社会研究 5』1979年による．

東大寺の造営や造仏事業に必要な木材や鋳型料の土などを平城京周辺の生産地や集積地から車で運搬したもの、近江国の石山寺造営のための木材輸送の三種類である。車を利用するためには、道や橋の整備が基本的条件であるが、前述の地域の車輸送が円滑に行われたとすれば、大和国、山城国、河内国、近江国の畿内地域の要地を結ぶ通路が、連続して車が通行できる状態になっていたといえよう。

井上尚明「描かれた車と道」においては、都域から出土した車輪関係の資料は、平城京から輪木《りんぎ》の外輪が五点と鉄製の釭《かりも》が三点、長岡京（七八四～七九四）から外輪と釭が各一点出土したことがまとめられている。長岡京の発掘調査では、都の造営で車が使用された痕跡と思われる轍《わだち》と牛の蹄跡、

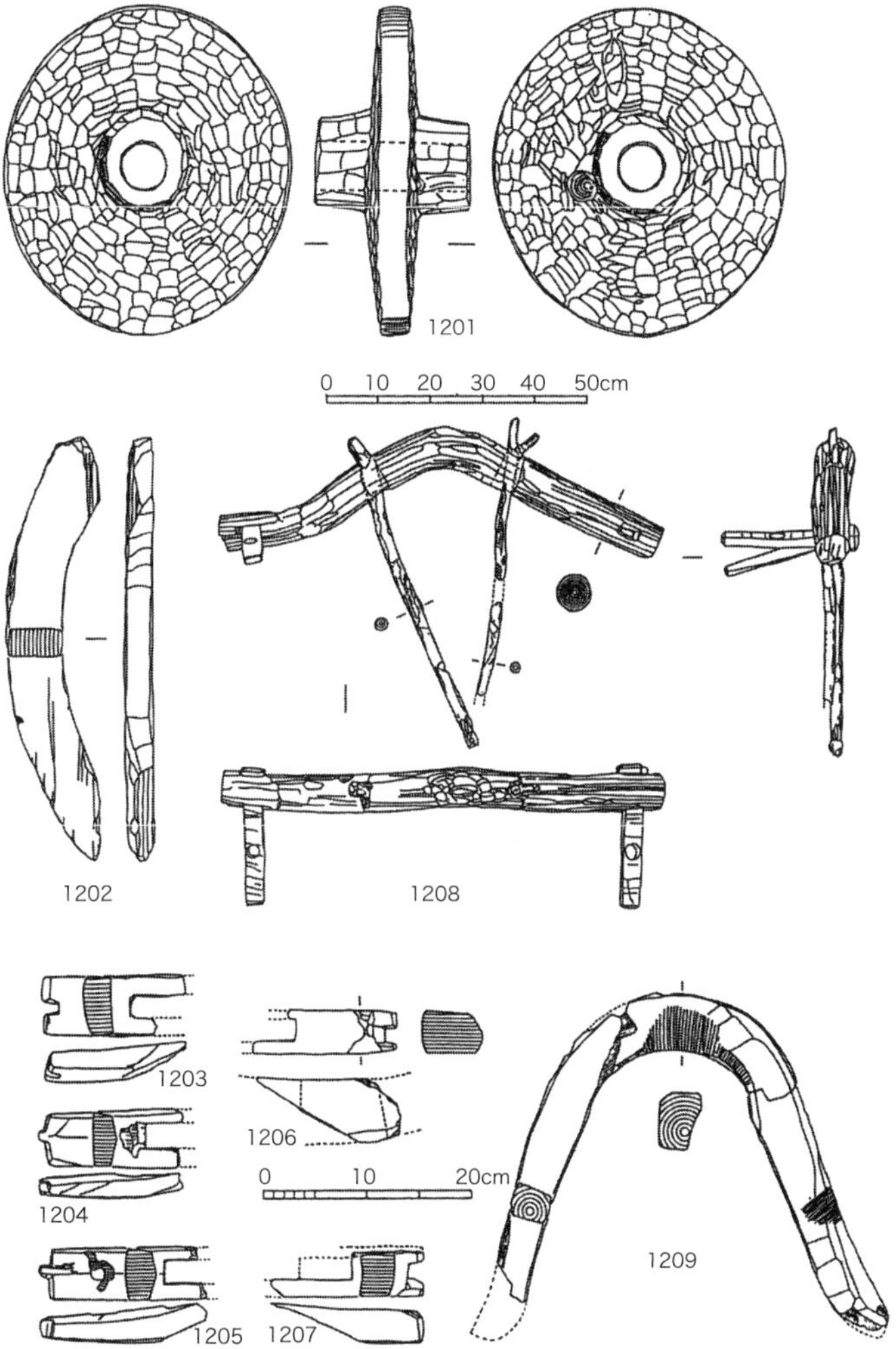

1201；兵庫・吉田南，1202・1206・1209；平城宮，1203〜1205・1207；平城京，1208；藤原宮

図1　出土した車輪・軛（文献1章20）

出典）　奈良国立文化財研究所『木器集成図録　近畿古代篇』1985年.

表2　車の効率：人担との比較（文献1章20）

	輸送対象	人　担	車	1輌あたり対人担効率
造石山院所解案	柱 22 根 {14 根長 1 丈 5 尺 6 根長 1 丈 7 尺 2 根長 1 丈 3 尺 並径 1 尺 2 寸	根別 9 人 夫66人　日三度 （のべ198人）	輌別 2 根 車11輌	198（人）÷11（輌） ＝18（倍）
	架95枝 長 1 丈 6 尺方 3 寸	枝別 1 人	輌別15～16枝	15～16倍
延喜式巻34木工寮	雑材積	人別3,200～ 2,600寸	輌別 27,000寸	約10.3～8.4倍
	瓸瓦 筒瓦 鐙瓦 宇瓦	人別12枚 人別16枚 人別 9 枚 人別 7 枚	人別120枚 人別140枚 人別 80枚 人別 60枚	10倍 約8.5倍 約8.9倍 約8.6倍
	白土	人別 3 斗	輌別 3 石 3 斗	11倍

出典）表 1 に同じ.

人の足跡が確認されている。この報告書では、「このわだちは、太極殿の方向に走り、旧地表に深くくい込んでいる」とされ、車の平均的大きさは、車輪間隔は四尺三寸（一・三メートル）、車輪接地部の幅は一〇センチの荷物運搬用の牛車と見られている。そして、約四〇センチおきに踏み固められたくぼみの連続があり、牛の蹄跡と考えられている。また、轍《わだち》の西外側が少し低く固められているのは、牛の左側に沿って歩く牛飼童の歩跡である。延暦三年（七八四）六月からの長岡京造営に際しては、平城京から山崎橋を経由して、長岡京へ至るルートが整備されて、車使用が促進されたのであろう。

　車利用の利点を人担との比較でみると、木材輸送の場合、柱では一八倍、架は一五～一六倍であることがわかる。また、『延喜式』によれば、車は雑材で八倍以上、瓦類では八～一〇倍を輸送できる（表2）。このことから、車は重量や容量の大きい物資を輸送するのに効率がよいことをみてとることができる。

三　車の所有者

車の所有者は、東大寺、興福寺など大寺の造寺司や造金堂所で、献納や買得によって入手し、物資の輸送に運用していた。『正倉院文書』のなかには、「運車一七輌、庭銭六八〇文」「車三輌、一輌あたり九〇文で借り、雇人五人、仕丁一人、綱丁一人」のように、借用料を支払って使う「雇車」の事例が見られる。形態としては、車賃料のなかに労賃が入っているものと、借用料と車を動かす雇人が別になっているものがあった。後者の場合は、野菜一一〇束を三輌の車に積んで、引く人と押す人の二人がかりで車一輌を動かし、指揮する人を加えて車列を組んで運んだのである。そして、五人の雇人には米を一人一升二合、仕丁には二升、綱丁には一升四合をそれぞれ支給している。この場合、車と雇傭労働力を所有して輸送機構を組織しているのは造寺司であり、私用で物資輸送の必要が生じると、委託された人が、交通手段を借用して運び届けて依頼主から運賃を徴収して、借用料を造寺司へ納め、雇人に労賃を支払うのである。

東大寺の造営においては、多くの人々からの寄付があったことはよく知られている。天平一九年（七四七）の大仏鋳造ころの『東大寺要録』での「奉加財物人」をみると、物部連族子島は銭一〇〇〇貫と車一二輌、牛六頭を、小田臣根成は銭一〇〇〇貫と車一輌、鍬二〇〇柄を献上している。これらの人は越中（富山県）や武蔵（東京都・埼玉県）の豪族であり、後に知識物を献上した功績によって叙位されている。車や牛を献上したのは一〇人のうち二人だけであり、これらが貴重なものであったことがうかがえる。車一二輛、牛六頭とあることから、半分が牛車として牛に牽かせたのであろう。

天平宝字四年（七六〇）、山城（京都府）の久世郡の郷戸主秦男公は、五一俵の米を三輛の車と九疋の馬を使って東大寺に献上し、その運賃を請求している。三輛の車のうち、普通の力車が一輛、残りの二輛は「小輇」とあるので小さい円板車輪の車であったと見られる。馬には平均三俵半、力車に一〇俵半を積んだとあるから、小輇には四俵半ずつということになる。郷戸主秦男公は馬と運送労働力として調達して、小規模の輸送手段を編成して、大量の米俵を山城から平城京へ運んだのである。輸送手段としての車を所有すれば、輸送を委託されることがあり、輸送を担当する業者への道があったことが読み取れる。

四　車の製作

車の生産は、律令国家が手工業技術掌握のためにもうけた品部や雑戸にはない。『延喜式』においても車技術者では部品の釭《かりも》（轂《こしき》の口の孔にはめた鉄の管）工だけである。乗用の車、荷車、轜車《きぐるま》も含めて官営の工房ではつくられていない。ではどうしていたのだろうか。これがうかがえる史料に天平一八年（七四六）の「近江国司解」がある。この文書は諸国から奴婢を買得して、東大寺へ進上した内容である。この中に近江国から「奴　持麻呂　年卅九〈車匠〉価一千四百束」がある。四ヵ国から

表3　主な牛車のつくりの概要（文献1章18）

部位	車　種		
	檳榔車	半部車	八葉車
箱	開戸，高欄あり．棟表，袖の左右ビロウ．車の内下張粉紙	棟表，物見上＝白網代．物見下＝黄地黄文網代．左右に半部，前後に開戸あり	棟表，物見上下，袖表みな網代．青地黄文が各所にあり
物見	なし	物見簾＝青地錦縁．外は採色，内に遠山霞飛散を画く	黒漆
簾	濃蘇芳の竹唐綾7緒．紫の編糸錦縁7緒．左右の端と中央両所の4筋は簾をつけ，間の3筋は付けず	青編糸5緒1ツ文．監革縁文小鞆絵，裏の縁は青唐綾	青簾．大臣・大将5緒，納言・参議等4緒，上革あり
下簾	蘇芳末濃．納言以上懸け．大きさ9尺5寸，表晴の色	青末濃	青末濃．出仕には懸けず，私褻出向のとき懸ける
畳	繧間縁，引懸筵	大文高麗，小文引懸筵	大臣・大将＝大文高麗，納言・参議以下＝小文高麗，引懸筵
榻	親王・大臣＝黄金物 納言・参議＝黒金物	大臣＝黄金物か散物 大将＝散物，黒銅白文	大臣＝黄金物，大将＝散物，納言・参議＝黒金物
雨皮	表裏平絹浅黄，轅の左右に結縄．これを雨皮に付け，金具に結ぶ	生絹を浅黄に染める．三位以上で用いる	殿上人以下の乗用には張筵を用いる
鞦	平畝，連著，色紅総．上古は小さく短くし，中古は総甚長し	畝糸鞦諸総，大臣・大将の差なし	太畝，黒鞦，少納言＝赤鞦
遣縄	白布三打に長く打ちて，二重に取て中央に付ける．別の緒にて鼻に付ける	白布を打つ	白布一打，長さ綱の半分．先を牛の鼻に付ける

進上された二〇人の奴婢の価値を比較すると、奴持麻呂が最も高い。彼には「車匠」と注記されており、車の生産もしくは修理の技術を持っていたので、他の奴婢より高く買得されたのであろう。これ以前、彼は近江国の車製作に係っていた戸内の奴婢として車匠の技術を磨いていたのである。この中では若い者より技術レベルが高く評価されて、東大寺へ施入されたのであろう。その後、この「奴持麻呂」は、天平勝宝七年（七五五）に良民となり、翌年には平城京の左京五条二坊戸主小野朝臣近江麻呂の戸口として編付されており、この戸内に手工業技術者を含む戸が形成されていたことがわかる。

『続日本紀』には、天平宝字元年（七五七）四月条の、東大寺の匠丁以下に田租を免除した記載の中に「輸車戸頭」がある。この措置は聖武太上天皇の葬送に関するものであるので、「輸車戸頭」に対する田租の免除は、葬送用の轜車《きぐるま》を製作して納入したためと考えられる。こうしてみると車の製作や修理は寺院の工房や手工業者を含む戸で行っていたのである。車は使用者からの依頼で注文生産される場合と、平城京の東西市《いち》に出されて交易品として扱われる場合があったと考えられる。

八世紀には、官寺ごとに、臨時に造寺司という官庁がおかれ、寺の営繕、造仏や運営に必要な資材や働く官人、僧侶、工人の食料、衣料などの調達に、荷車がさかんに利用された。車は必要に応じて買い入れて補充していた。天平宝字六年（七六二）の『造金堂所解案』によれば、車一〇輌を、一輌につき六九五文、間車一輌は一貫四〇〇文、牛車一輌は一貫五〇〇文と一貫文であわせて四輌、小車一輌を三〇〇文で五輌買っている。これでみると、牛車があり、荷車は間車、車、小車の三種で、価格からみると間車が最も高いので大型であろう。車は普通の大きさで間車の半分の価格、小車はさらに小さいもので、普通の車の半値以下である。

さらに、車の消耗品である小車の釭《かりも》と車軸を購入している。釭は轂《こしき》（車輪の中央の太く丸い円座）の口鉄《くちがね》である。これを轂の中に挿入して磨滅を防ぐ鉄管で車輪の回転を円滑にする部品である。これを一具八四文で四具を三三六文で買った。一具には四口あり、四個で一揃であった。このことから車は二輪車であり、轂があることから、輻《や》のある車輪である。また、車軸は一四枝一八〇文で買っている。内訳は四枝は二〇文、一〇枝が一〇文宛である。車軸の価格がちがうのは、長さや太さの違いによるものであろう。大きい車と小型車があったことがわかる。このように部品を購入しておいて、消耗品は交換や修理して使っていたことがわかる。

五　車使用の初見

車使用の文献での初見は、八世紀後半の『万葉集』の広河女王の相聞歌である。

恋草を　力車に七車　積みて恋ふらく　我《わ》が心から（巻四　六九四番）

（恋という草を　車七輌に積んだように　重苦しい恋をするのも　皆自分の心からです）

いくら払い除こうとしても一向にへらず、むしろはびこる一方の「恋」の思いを刈っても刈っても生い茂る雑草にたとえ、それを七輌というたくさんの車に積む奇抜な趣向がおもしろい。力車は二輪の荷車で、役夫が前から引き、重いときは後から押すという人力によって運ぶ車である。力車を七輌連ねたと思われる表現であるが、「七」は数の多いことを表すのに常用される数字でもある。平城京では、造寺・造仏などの材料の木材、金属などの荷物が多くの車を連ねて行く光景が、時代を象徴する特色ある様相であったことから、次々にわき出る恋の思いを雑草にみたてて車に積み込むというたとえを思いついたのであろうか。

乗用の車の文献史料での初見は『西宮記』臨時五・勅授輦車の「正五位上羽粟翼　宝亀初年　光仁天皇　その年老を以て　小車に乗り　公門出入りを聴す」とある。宝亀年間初期（七七〇〜八一）に、乗用車が「輦車宣旨」の勅命のかたちで特別の人たちに許されていたことがわかる。この車は人を乗せて、人が引く車であり、「小車」と記載されているので、腰車、手車と呼ばれている車であろう。この車の具体的な形態はよくわからないが、二輪車に屋形を取り付けた車と思われる。『延喜内匠寮式』には、腰車の用材として、屋形と障子の材料に槻《つき》（けやき）、轅《ながえ》と車輪の材料に櫟《いちい》、柱と高欄などの材料に檜榑、桁と椽、箕形の材料に歩板《あゆみいた》があげられているが、車輪の輻《や》の材料はない。これは、板を円形に張り合わせた車輪であったことを示しているのであろう。八世紀の腰車は中務省の内匠寮で製作し、宮内省の主殿寮が天皇家一族の乗り物である輿と輦を管掌していた。天皇家以外の輦車は極めて限定されたものであったと考えられるが、九世紀には貴族層にも広まっていくのである。

第2章

牛車の時代

一　牛車の登場

平安時代の乗用具の主流になる牛車は、近世までの日本の交通手段の中では最高となる、発達の第Ⅳ段階（動物と乗用具が連結）に位置する。牛車運行の成立要素は、牛と牛飼童、車輌と道路整備である。これらの状況についてみてみると、牛は縄文遺跡からも出土しており、日本へはアジア大陸から古くに伝来し、西日本を中心に家畜として飼育され、農耕や荷物運搬に有用な動物として頭数は次第に増加してきた。だから車牽《ひ》き用の牛の潤沢な供給は可能であった。車は五世紀ころには朝鮮から伝来しており、渡来人の車匠によって車製作も行われた。当初は円板状の二輪車であったが、やがて輻《や》のある車輪となり、奈良時代には人力による手車での荷物運搬を中心に使用され、一部重量物には牛車《うしぐるま》も使われていた。しかし、人の乗用具は輿と馬で、牛車《ぎっしゃ》の使用は平安時代に入ってからである。車の通行が円滑に行える道路や橋は、平安京を中心に畿内で次第に整備されてきた。以上から、牛と車を連結して車箱を付けて乗用具とし、人を乗せて牛飼童が運行する条件は十分揃っていたといえる。

牛が牽く乗用の車が平安京で盛んになるのは、九世紀に入ってからといわれる。『日本後紀』に、「桓武天皇、平安遷都以後、天下の風俗一変して、貴族高門多く車に駕し、牛を以て、これを挽かしむ」とあり、平安時代に入って政治経済が安定するとともに、牛車への乗車の風がおこり、これが拡大していったことを述べている。これまでの乗用具は、天皇などは輿、貴族・律令官人は騎馬が中心であった。松本政春「貴族官人の騎馬と乗車」によると、「八世紀の軍国体制下では官人騎馬制が存在していたが、東アジアの国際的緊張緩和によって軍団制が延暦九年（七九〇）に停廃された。これに連動して官人騎馬制も八世紀末から九世紀にかけて解体するとともに、貴族官人の間に乗車の風が九世紀に入って広まりはじめ、九世紀末には大流行した」とまとめてある。乗車の主体は当初、皇太子、皇太后、太上天皇と内親王以下後宮女官という女性系列に拡大し、ついで男性では天皇からの勅許という特別な事由をもつ官人から官人一般へとひろまっていった。男性はたしなみの一つが騎馬であるので訓練に励んだのに対し、女性は優雅さなどから騎馬になじむ者は少なく、乗車が女性の間でより早く普及したことは、『延喜弾正式』の乗車規定に占める女性関係の条文が多いことにあらわれている。

車関連年表の事項から、牛車関係の最も古いものは、弘仁三年（八一三）の「薬師寺の僧良勝が、女性の車に同乗した事由で、種子島に流された」（『続日本紀』）ことである。女性の車に同乗したことが、島流しの罪になったことは、驚きであるが、牛車が高貴な女性の乗用具として始まった当初であり、男性がこれに同乗することは世の倫理に反する行為として話題になり、糾弾の対象になったのであろう。その後の王朝文学には男女が同乗する場面はところどころに登場し、牛車の空間がロマンチックな場であることが優雅に表現されているので、時期の差を感ずる。そして、この僧は二〇年後の天長一〇年（八三三）に、特に宥《ゆる》されて入京している。

二　牛車の構造と車製作

車の構造

牛車は車軸の両側に車輪を付けた二輪車で、この上に乗用の基台を据えたものである。そして、基台の両側に水平の二本の棒状で車を牽《ひ》く長い木でできた轅《ながえ》（長柄）を取り付けて、この中に牛を入れて牽かせるのである。屋形をつけた乗用車を「ぎっしゃ」といい、無蓋の荷物運搬用を「うしぐるま」という。

屋形の大きさは、長さ八尺（約二・四メートル）、横幅三尺三寸（約〇・九六メートル）、高さ三尺四寸（約一・〇二メートル）の縦長の直方体で四人乗りである。後の入口から乗って、牛をはずした後、前から降りるのが作法であった。屋形は車箱とも呼ばれ、中央に棟が通った屋根があり、前後を開放して乗降口として簾を垂らす。ときには内側に布帛の下簾を垂らす車装をすることもある。乗降口の二本の轅の間の上には踏板を渡し、両側には傍立という副木を立て、中ほどに握り持つ手形の穴を彫り入れて、乗降しやすいようにしている。乗降の踏台には、四脚の台である榻《しじ》を使う。牛を放したときは、これを轅の軛《くびき》の置き台としても使用する。両方の側面は立板で囲い、上方に物見と呼ぶ窓を設ける車もある。

車輪は直径約二メートルと大きい。これは木材の部材でできており、タイヤやサスペンションのような変形して緩衝機能をもつ構造でないため、振動を分散させるのに大型化せざるを得なかったと考

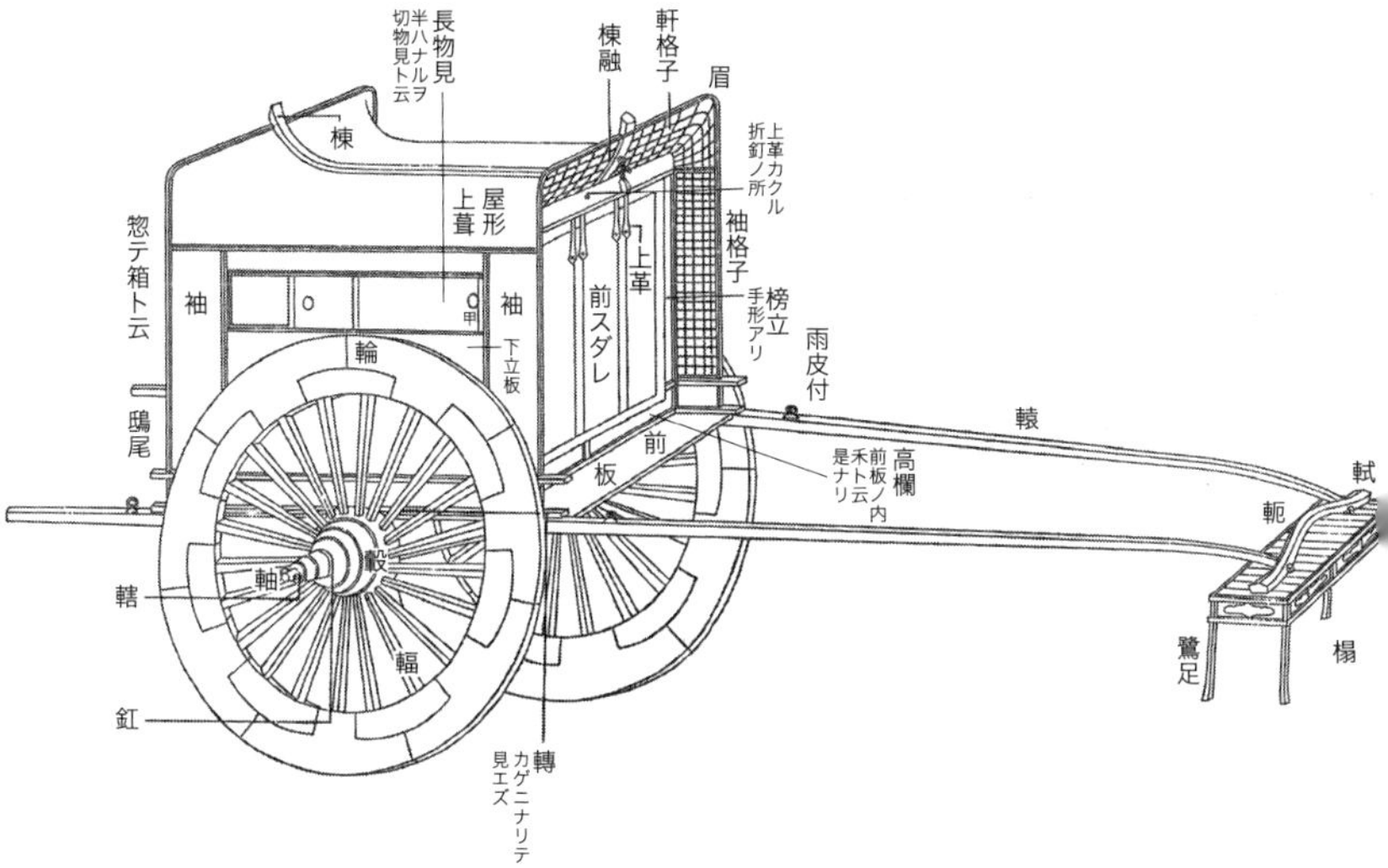

図２　牛車の部位名称（文献２章32）

えられる。車輪の輪木《りんぎ》は外輪の大輪と内輪の小輪を各七個ずつ組み合わせて作られている。このことについて板倉聖宣が『日本史再発見――理系の視点から』で、「外枠の板材が偶数の六枚でなく奇数の七枚なのは、偶数だと板の継ぎ目の一つが真下にきたとき、他の継ぎ目が必ず真上にくることになる。車の継ぎ目のところが一番弱く、また継ぎ目にかかる力は、その部分が一番下にきたときになるに違いないと考えると、外枠の板の数が、継ぎ目が上と下でそろうことがない、奇数になっているのは、それなりの根拠があることになる」と述べていることに納得する。

車輪の中央の轂《こしき》と呼ぶ円座から輻《や》＝スポークが放射状に多数出ている。外枠の一枚の板に対して三本ずつ取り付けて、三×七＝二一本の幅が基本である。この車輪を車軸に通し

表4　牛車の種類と輻の本数（文献2章5）

		輻の本数					
		18本	21本	23本	24本	33本	計(輛)
牛車の種類	八葉車	1	7	1	1	1	11
	檳榔毛車	0	2	0	6	0	8
	文車	0	5	0	1	1	7
	糸毛車	0	0	0	1	0	1
	不明注)	0	0	0	1	0	1
	計（輛）	1	14	1	10	2	28

注）　屋形が全く描かれていないため，牛車の種類が不明．

て、回転接触する車軸と轂《こしき》の間の先端部分に、釭《かりも》と呼ぶ口鉄《くちがね》を入れて、回転を円滑にさせ、外側に轄《くさび》を挿して留金とする。

初期の車は車軸と車輪が一体となって回転し、車輪も板を組み合わせた中実構造のものであったが、平安時代の牛車はスポークのある中空構造の車輪が使われ、軽量化と大口径化が進み、固定軸から左右の車輪の差動が可能となって、それぞれ独自に回転できる機構になって運動性能が向上したのである。この基本構造は江戸時代まで変わらなかった。

屋形は車軸部分とは完全に分離できる仕様であるので、この二つをつなぐことが必要であった。車軸は屋形の基台（輫《とこ》）の両側中央にある轅《ながえ》の刳形にはめこんで、床縛《とこしばり》と呼ばれる紐で屋台と車軸を結んで固定する。轅の後方にのびるところを鴟尾《とみのお》といい、この間が乗車口となる。

牛の背椎部に隆起があり、ここに軛《くびき》と呼ばれる横木を架けることで、牛の牽引力を有効に利用できる。この方法は古代からのまま現在も世界中で利用されている。牛をコントロールするのは鼻綱と面綱である。

車づくり

車は車箱と車台の組み合わせである。車箱は四隅に柱を立てて屋根を付け、側板と簾で前後を囲い内部に畳と蒲団を敷く。車をつくるには、木工、要所や飾りの金工、塗工など、さまざまな職人の技が必要である。

牛車の要《かなめ》は車輪である。ここは重量を支えるところであるので、丈夫な欅《けやき》を使って同型の木片を組み合わせてつくられる。外枠の輪木《りんぎ》は、路面に接する外輪とこれを支える内輪からできており、いずれも七か八個の分割構造である。真中の轂から一片の輪木に三本の輻《や》を放射状にはめ込んで固定する。輪木が八つの場合は輻の合計は二四本で、車輪の直径は約二メートルと大きく、檳榔毛車などの高級車に多く振動が小さい。七つの場合、輻は二一本で、車輪はやや小さく八葉車や文車や荷車によく用いられた。山田保「絵巻物のなかに描かれている牛車の表現」によると、輻数は一八〜三三本の範囲で、輻数の合計は三の倍数に集中している。これは輻を円周にほぼ均等に割り付けるとき、三等分を基準にして算出されているからであろう。車輪は正確な円形の曲面を出すため、製作では木型を使って部材加工が行われている。

一五世紀末とみられる「七十一番職人歌合絵」には一四二種の「職人」をあげており、そのなかに車を製作する手工業者として「車作《くるまつくり》」があげられている。この詞書には「びりょう〔檳榔〕の輪とてよくつくれとおほせ候」とあり、檳榔毛車をよくつくれとの注文主の要請で製作している場面が描かれている。侍烏帽子をかぶってひげをたくわえ、小袖に袴姿で、右手に木槌、左手にノミを持って外

図3　15世紀の車作（「七十一番職人歌合絵」より．文献2章11）

図4　17世紀の車作（『人倫訓蒙図彙』より．文献2章11）

輪の部分を整形している、手前には完成した車輪と輻《や》らしきものが見える。そして、次の短歌が添えられている。

心して車つくらむ秋の夜の
ながえの月のおそくめぐらば

この歌は、「檳榔で飾られる高級な牛車の輪だから、心して製作せよ」という命を受けて歌人が車作の気持ちになって詠んだものである。秋の夜の月あかりで、夜遅くまで仕事ができるぞと仕事への意欲をのぞかせている。秋の夜の「長い」から「轅《ながえ》」を連想させるとともに、月がゆっくり東から西へめぐるならば、仕事が一層はかどって嬉しいことだと前向きであり、車作りの心意気が感じられる歌である。

元禄三年（一六九〇）にできた『人倫訓蒙図彙』も、車作をあげている。絵によると、上半身裸になって車輪の轂《こしき》の部分を木槌とノミで削っている。足もとに別の小さなノミが二本置いてあり、奥には輪木《りんぎ》の部材が四つ積んである。頭書の説明に、「作《つくり》に秘事ありとかや。車作は輪木八枚、輻は廿四枚、雑車《ぞうくるま》〔荷車〕は輪木七枚、輻は廿一枚なり。作手は京清蔵口〔上京区妙願寺辺〕久右衛門」とある。

車輪ができあがると、中央の轂の中に釭《かりも》（口金）をはめ込む。そして油を塗って回転を円滑にするようにし、車軸を通して、車台を取り付ける。乗用の場合はこの上へ車箱を据えて、床縛《とこしばり》と呼ばれる紐で車箱と車軸を結んで脱落防止とした。牛車を遠くまで運ぶ場合は、床縛を解き、轄《くさび》を抜けば車箱と車輪、車軸などに分解して船に載せたり、分割して担いで運ぶことができた。

図５「片輪車」の文様（文献２章14）

車文様

日本の伝統装飾文様の一つに、平安後期の成立とされる片輪《かたわ》車《ぐるま》文がある。これは川の流れの中に牛車の車輪だけが、いくつも横たわっている光景を図案化したものである。リズミカルな水流のただ中に、平安時代を象徴する車輪が並べられている光景は、京都では日常的に見られた注目すべき習俗であった。木製の車輪は乾燥するとひびが入りやすいので、折りをみて川の水に浸して水分を吸収させたのである。車輪の日常的保守作業は文献にはほとんど見られないが、これを垣間見ることができて興味深い。片輪車文は現実の光景の写実的形態に意匠がほどこされて装飾化され、歴史に残る日本の伝統的文様となっているのである。

時間のシンボルとしての水流が、車輪の周囲を洗って次々に流れていく。また、車はどこまでも回転していく無限の連続性の動きを持っている。その事が川中に留って、水を追いやっている光景は、車をもって神秘の無限性を表象しているようにも考えられる。片輪車文をはじめ、源氏車文、御所車文は、どこまでも順調に回転する吉祥の文様として、葵、橘、藤、桜とともに多彩に意匠化され、着物、能装束、硯箱、屏風などに好んで使用されてきた。国宝の片輪車螺鈿蒔絵手箱は郵便切手の意匠にも使われ、現在でも国民に親しまれる図柄になっている。また折紙の世界でも、御所車、葵祭の牛車を牽く牛、稚子、仕丁などの作品例が本で紹介され、日本文化を代表する一面を示している。

三　牛車の種類と乗車規制

種類別特色

牛車の基本構造は同じであるが、外観のデザインや形式はさまざまである。カラフルで豪華な牛車が多く、乗る人の身分や地位が推測できるほどであった。主な牛車の特色と使用者についてみて行き

図６　檳榔毛車（『輿車図考』より．文献２章32）

たい。

一〇世紀ころの平安時代初期の代表的な牛車は、檳榔毛車、糸毛車、網代車である。

●檳榔毛車　白くさらした檳榔毛で、車箱全体を葺いた車で、物見（窓）はなく、軒も袖も格子で前後に簾をつけ、青末濃の下簾を用いる。ビロウ（檳榔）はヤシ科の常緑高木で、南九州や南四国の暖地の海岸地域に生育し、近衛家の領所である志摩戸庄（鹿児島県）が産出の中心であった。ビロウの葉を細くさいて糸のようにしたもので屋形を葺いたが、需要が増加して、ビロウの葉の入手がむずかしくなった。このため毎年の張り替えをひかえて、損壊したときだけにしたり、菅の葉で代用する牛車もあったという。

使用者は、上皇、親王、摂政、関白、公卿以下

図７　糸毛車（『輿車図考』より．文献２章32）

四位以上の公家、女房、僧正などである。

●糸毛車　車箱全体を青、赤、紫などのより糸でおおったもので、金銅窠文をところどころに散らして飾りにしている。そして、下簾が二筋大きく垂れている。物見はなく、内側には朱格子、前後に庇を出しているので有庇之車とも呼んだ。糸毛の色によって、乗る人に特色がある。青糸毛車は皇后、中宮、東宮、淮后、親王、執政などが使用し、紫糸毛は女御、女御代、更衣、典侍、尚侍が乗る。また、赤糸毛は賀茂祭の女使が使用するものであった。江戸時代の和宮降嫁行列の京都と江戸では、三輛の牛車のうち二輛が糸毛車で、紫糸毛と青糸毛が使用された。

●網代車　青竹の細割または檜のうすい板状のものを斜めに組んで屋形を張った車である。これは材料が得やすく、加工や彩色も多様にできて、工夫次第で品位の高い車をつくることができる。屋形

図８　網代車（『輿車図考』より．文献２章32）

の形態や物見の大小意匠によってさまざまな呼び方がある。次の時代にかけて、多彩な広がりを見せ、最も多く普及した八葉車、文車《もんのくるま》や大型の高級車である御所車等へと展開していく。

長保三年（一〇〇二）の乗用規制では、網代車は四位のものの乗用とされた。つまり、三位以上の貴族が乗る車よりは、グレードが低いとされた。しかし、使用する階層の人たちは多く、好みに応じて時代に対応した新しい趣向や意匠の車製作が行われ、牛車の主流を形成するのである。

一一世紀になると、牛車は大型化し、文様が多く描かれて装飾性が高まるようになった。

●唐庇車（唐車）　この車は屋根を唐様の破風形にビロウ毛で葺き、立板袖は彩色を施し、御簾は綿縁で前後と物見につけ、下簾は唐鳥花の繡である。

図 9　唐車（『輿車図考』より．文献 2 章32）

牛車のなかでは、最高級の仕様がほどこされた大型の車で、乗降には榻《しじ》ではなく桟《はしだて》（短いはしご）を用いた。使用者は、太上天皇、皇后、東宮、准《じゅ》后、親王、摂政、関白と勅使等で、晴《はれ》の時に利用した。永保三年（一〇八三）の賀茂祭のとき、関白の前原師実は、孫を抱いて唐庇車に乗って話題になったことが、『栄華物語』に記述されている。

●八葉車　網代の車箱に八葉の紋（九曜星）をつけたもので、褻《け》（日常、私用）の時に広く利用されるようになった。九曜星の紋は、真言宗の九曜星曼荼羅信仰によって、身を守護するものとして、衣服や輿車にあしらうことが広まった（沼田頼輔『日本紋章学』）。八葉の紋は八つの黄色の葉の装飾図案を全体に散らすもので、牛車の輛数も増え、交通事故の心配も増加したことから、八葉紋の霊力に安全への願いをかけたのは、今日の交通安全のお守りと共通した意識であろう。

図10　八葉車（『輿車図考』より．文献２章32）

嘉保二年（一〇九五）には、八葉紋の大きさを問題にしており、大八葉車は大紋様、長物見で、上皇、摂政、関白、大臣などが使用し、小八葉車は小紋様、切物見で一般公卿、僧正以下などが略儀に使用した。

一二世紀の後期になると、牛車は一層の工夫をこらすようになり、多彩な車が登場してくる。

●風流車　飾り立てた車のことを飾り車といい、当初は賀茂祭の使いに限っていたが、次には近衛使や祭見物する貴族も意匠をこらした車を見せ合うようになった。こうした物見車に、華美ではなやかな牛車が増え、これを使う牛飼童の服装も着飾らせるようになった。久寿二年（一一五五）の賀茂祭には、左中将藤原隆長が風流車に乗って、大路を往復して話題になった。

図11　雨眉車（『輿車図考』より．文献 2 章32）

●庇車　意匠をこらした車が、いくつかの流れをつくっている。その一つは網代車の出入口や窓に庇を取り付けて陽のさし込みや雨の降り込みを防いで居住性を高めたものである。具体的には網代庇車は物見の上に小さい庇をつけ、窓を連子にする。檳榔庇車は車箱の前後と物見の上に庇を設けたもので、長承元～三年（一一三二～三四）に前関白藤原忠実が意巧をこらしたという。半庇車は物見の上にだけ庇をつける。

●雨眉車　屋形の前後の軒が弓を伏せたような唐破風として庇をつくった車で、院、親王、関白、摂政、太政大臣などが使用する高級車である。

●半部《はじとみ》車　車箱は網代で、物見が半部になっている。これは檜皮の網代を張った物見の懸戸を蔀《しとみ》（日光や風雨をさえぎるための戸）にして、外にはね上げて庇にするつくりで、いわゆる半部づくりになっているところが特色で、捧《ささ》げ半部車ともいう。上

図12　半蔀車（『輿車図考』より．文献２章32）

皇、親王、院、摂政、関白、大臣、大将以上や女房が褻《け》の時に乗用する。

●文車《もんのくるま》　網代車などの棟、袖、物見の上などに、文様を散らして描いた車である。文様は年齢や家流などで決められていた。大将以上は物見の両側の板を白く塗って文様や紋を描いたので、白袖の車や紋車とも呼んだ。年齢では例えば老人は彩色しない白絵、少年は彩色した平文《ひょうもん》（漆塗の一つで、金銀の薄板を文様に切り、漆面に貼って漆で塗り埋め、その部分を剝ぎ現わすか研ぎ出したもの）である。例えば、仁平元年（一一五一）藤原隆長の元服の網代車の車箱の文様は「若千鳥に亀」、物見は「千鳥」を描いた新造車であったという。家流では、近衛家は牡丹、九条家は亀甲、閑院は鞆絵《ともえ》(巴)、花山院は杜若《かきつばた》、西園寺家は帽額《もこう》、持明院は杏葉《ぎょうよう》丸などを描く。また、殿上人の車は白く塗らずに家紋やその人の好みの文様を描いたという。

図13　文車（『輿車図考』より．文献 2 章32）

車は特注品であったので、発注者の好みや注文仕様で細部まで仕上げられたのである。

同じ文字でも「文車《ふぐるま》」と呼ぶ車は、書籍や文書などを運ぶ荷車で、牛には牽《ひ》かせず人が運んだもので、江戸時代の長長持ちと似たものである。火事などの緊急時や引越のときに大切なものをまとめていっきに搬出するのに便利な道具であった。

『古事類苑』から、文車《もんのくるま》（殿上人網代車）の各部位の造りの詳細をみると次のようである。

●四位、五位、中将、少将及び侍従、外衛、督佐等これを用いる。年齢の老荘により差あり。老者は白絵なり。壮者は平文なり。

●箱　八葉の如し。ただし壮年は袖格子・三重襷、軒格子常の体にて三重襷。老年人は八葉格子の如し。

●網代　壮年人は棟表ならびに物見上下、袖表等、例の網代。老年人は、物見所に大八葉あり。そのほかは平文の如し。
●物見板　壮年人は外方紺青地、一枚別に扇各一本、扇には四季絵あり。
●扇、枚別に日形あり、見せるためなり。蟹甲は左右前後同じ、内方は遠山霞飛鶴等を画き、老年人は黒漆、胡粉で扇を画く。これを以て老年の文車を白絵車と号すか。
●同簾　これはないのか〔これは設置されていないのであろうか〕、所見なし。
●同下立板　壮年人は内方書画以下半蔀《はじとみ》の如し。ここに四季絵あり。錦あり。老年人は黒漆で八葉の如し。
●金物　外方は金物なし、内方は少々あり。雨皮付は轅《ながえ》は打たず、黄金物は老荘とも同じ。
●下張　壮年人は色紙で紅萌木、白黄紺を張り、散霰する。老年人は白色紙花雲白小霰で張る。
●融文《とおしもん》　袖の内の格子の上に文を付ける。絵は扇なり、一方に二本、これまた四季絵あり。左右前後で同じ。壮年人は融文あり、老年人はこの文なし。
●棟融　壮年人は紅糸、老年人は白糸を各前方の棟木の下に付ける。
●簾　青簾、藍革縁四緒、壮年人は菖蒲革あり。老年人は菖蒲なし。下簾はかけるべからず。
●疊　小文高麗で引懸莚あり。
●鞦《しりがい》　畝。
●遺縄　白布。

●榻《しじ》　これを用いず、およそ四位以下の法なり。

乗用車としての牛車は、九世紀ころまず女性貴族に始まり、勅使の男性から一般貴族官人へと次第に拡大して行った。一〇、一一世紀にはその利用は平安京を中心に階層的にも広がりをみせ、多様な牛車が登場してきた。晴《はれ》のときに使う儀礼的な牛車と褻《け》の時に使う牛車とは、同一人でも車種と服装をはっきり区別して使用したのである。

乗車規制

乗車はだれもが許されるものではなく、身分や性別により、使用車種や乗用地域についてさまざまな規制が出されている。これらの乗車規制の経過を概観してみよう。

弘仁六年（八一五）、金銀装車に乗ってよい者は、内親王、孫王と女御以上、四位以上の内命婦、四位の参議以上の嫡妻子、大臣の孫の「女性」だけに許可し、これ以外の者は一切禁止した（『日本後紀』）。つまり、九世紀初めには、身分の高いことが外観から一目でわかる特別装飾車としての金銀装車が内親王はじめ高貴な女性たちだけに許されることになった。牛車の装飾が身分の視覚指標として、差別化を図るものとして明確化されたのである。

承和六年（八三九）、文章博士菅原清公は「老病で衰弱し、歩くことが困難」という事由で、勅して牛車に乗ることが許された（『続日本後紀』）。また、承和一三年（八四六）には典侍菅原員殊、同一

表5　牛車の使用者（文献1章26）

牛車の名称	使用者	備　考
唐庇車	太上天皇，皇后，東宮，准后，親王，摂政，関白	牛車でもっとも格式が高いとされる車
雨眉車	院，親王，摂関大臣，執政，太政大臣	唐庇車の略式といえる．形状は網代庇車と同じで，屋形，庇を白い網代で葺く
檳榔毛車	四位以上の公家	白く晒した檳榔葉を車箱に葺いた車で，庇がついていない
糸毛車	青糸毛車は皇后，中宮，東宮，准后，親王，執政．紫糸毛車は女御，女御代，更衣，典侍．尚持赤糸毛車は賀茂祭の女使	青糸毛，紫糸毛，赤糸毛などがあり，それぞれの糸の色で使用者が決まる
半蔀車	院，摂政，親王，大臣など大将以上の者	網代車の一種で，蔀の上半分が持ち上げられる車
網代車	四位，五位，中将，少将，侍従が常用し，略儀の遠行の場合は，大臣，納言，大将以上も使用する．網代車の一種で，網代庇車は院，親王，摂関，大臣，大将などが使用する	檜，または竹の網代で車箱を張った車で，唐庇，連子物見のついた車を網代庇車という
八葉車	地下の諸太夫，大臣，公家	網代車の一種で，車箱に八葉の紋，後には九曜星の紋が描かれ，広い階層に使用された

出典）田村善次郎『車・輿・駕籠』151-158頁を参考に筆者作成．

四年（八四七）典侍当麻浦子が牛車で宮門を出入りすることを許される「牛車宣旨」が出されている（『西宮記』）。こうしてみると、牛車への乗車は、まず、高貴な女性に広がり、ついで男性では、天皇からの勅許という形で、特別な事由をもつ貴族官人から一般官人へと拡大している。

牛車は次第に広まったが、寛平六年（八九四）五月に至り、貴賤を問わずに牛車の使用を禁止する太政官符が出された。これには、「男女別あり。礼敬の異なることははっきりしている。ところがこのごろは上下の者すべてが、車に乗ることを好むようになった。新制を施さない限り、弊風を改めることはできない」として、乗車を一切禁止する強行手段を通達した。しかし、早くも翌年八月には、男性の乗車が許された。おそらく、男性からの反発が強かったので早々の解除となったのであろうか。この禁止令は、もともと男性だけについての規制で、女性ははずされていたと考えられる。これは官符の前文に、「男女有別。礼敬殊著」とあるように、男女には違うところがあることはわかっているからである。

九世紀末ころの風俗史として貴重である『延喜弾正式』によると、乗車の制について次のような規制があった。

●内親王、三位以上の内命婦、更衣以上は、糸葺の庇《ひさし》のある車に乗ることと、牛の鞦《しりがい》（尻に車の轅を固定させる緒）をつけることを許可する。

●官人（後宮の内侍以下十二司の女官）は白綾の夾纈《きょうけち》（板締の染め＝凹凸の模様を彫った薄板二枚で糸や布をはさんで、染料をかけて模様を染める）などを車屋形の裏にしたり、種々の摺染めを従者の衣としたり、彩色で竹を編み、文様をつけて簾とすること、従者は四人以上は禁止する。

●絹、絁《し》（太く荒い糸で織った衣《きぬ》）を裁って猟の衣袴とすること。白の絹、縑《けん》（合わせ糸で織った目の細かい絹織物）を縫って、従女の衣裳として着させること。糸で車を葺き、金、銀の飾りなどを用いることは、みな禁断する。ただし、金塗釘は制限外である。

これは車種とともに車装束について、かなり細かいところまで規制しており、しかも女性に関してだけであるのは、貴族の女性や女官の間で、車の製作が華美になってきたので、身分別の規制を厳しくしたのである。車の構造は同じでも、車装束によって新しい形と意匠の車が登場する余地は大きいので、規制の効果はむずかしい一面があるといえる。牛車登場の初期に早くも「過差《かさ》」の問題がもち上がっていることに、平安時代の優雅さを求める方向が暗示されているようである。

その後、車に関する使用規制はしばらくないが、約一〇〇年後の長保元年（九九九）に、「六位以下の車使用禁止」が、太政官符で出される。これによると、「卑位、凡庶の者が身分不相応にもかかわらず、ほしいままに乗用し、黄金で飾ったり車箱を朱塗りしたりして、風流を競ったり機巧で人を驚かせたりしている」、そして、「外記の官吏、諸司の三分〔判官《じょう》〕以上と公卿の子孫と昇殿のもの、蔵人所の所衆、文章得業生」など六位以下でも重要官人や若い子孫で位階のともなわない人は例外扱いにしている。男性にも騎馬から乗車へシフトする者が増え、乗車の風が広まったことから、今回は性別による違いはなく、五位までのものが乗車の特権をもつことになった。

翌年にはこの乗車規定を徹底するために、「違反した牛車を破棄し、その牛は農地の耕作に戻す」旨を定めている。これをうけて、長保三年（一〇〇一）に牛車の装飾の華美を規制する法令が具体化している。ここでは、「器物の類は人にしたがって同じではない。だから位階と俸給により、車の形は違うべきである。そこで、四位のものは網代車、五位のものは莚張車、六位のものは板車とする。そして、床は内を塗ってはならない。輪にはただ掃墨《はいずみ》〔胡麻油または菜種油の油煙〕を塗るだけとする。漆塗りはきらきらにしてはならないし、また、大きく造ることは一切禁止する。〔中略〕ろくろ細工の轂《こしき》は、公卿、少納言、弁、六衛府の次将、殿上の侍臣のほかは用いることを禁止する」と、細かい車の造りを例示して華美を規制している。こうしてみると牛車の装飾が王朝文化の爛熟の象徴として華美に走っていたことがわかる。これにブレーキをかけるために、装飾規制と使用者規制が設けられたのである。ここでの疑問は、長保元年の規制で「六位以下の車使用禁止」が通達されたばかりなのに、今回は六位に板車が認められている。この時点になって新たに認められたものか、規制外とされた六位以下のものが使用していた粗末な車のことなのかはわからないが、車が相当広い階層まで普及していたことがわかる。

奢侈禁令の問題は、「過差《かさ》」の用語で呼ばれて、一〇世紀半ばから世間の関心事となっていた。その内容は、服装、乗車乗馬、調度類造作、贈与、饗宴など幅広い分野での奢侈と禁制のせめぎ合いであるが、過差を奨励する動きも根強く、禁制の効果は限定的であった。乗車については、車のつくりと装束、乗用者、従者数と服装などさまざまである。牛車乗用はその後も普及がすすみ、乗用を許された貴族の車にも風流《ふりゅう》車といわれる意匠をこらしたものが登場し、規制事項は忘れられたような状況であった。前回の規制から約一〇〇年後、三回目の禁止令が出されている。承久四年（一一一六）の宣旨では、「乗車を許されていない輩が、憲章をはばからずに違反している。宿衛の人がほしいままに、貴族が乗るような立派な車に乗っている。違反者の名を記録して言上するように」とある。諸司、諸衛の官人のような下級官人や宿衛官人の乗車を禁止したのである。そして、これを取り締まる検非違使は、治安担当ということで、乗車は例外として認められていた。

乗車を体験した人たちは、車の利便性を味わうと、一片の法令で規制して検非違使が活動しても効果は限定的であったようで、その後も過差の問題は尾を引くのである。

輦車宣旨・牛車宣旨

輦車は人が引く車であり、これが使用される場所について、『輿車図考』では、「親王、大臣の輩に乗るは、特恩にて許さるる事なり。されど、男は宮城門より宮門までの間を乗る事にて禁内は乗らず」と記してあり、男性は宮門内の使用は許されないとしている。また、この使用者について『西宮記』には、太子、老親王、大臣、僧正などが、「宣旨」を得てから乗用が許されるとある。

女性の場合は、宮門内において輦車使用が許される「輦車宣旨」と、宮城門内での使用が許される「輦車宣旨」の両方が定められている。前者について『延喜式』雑式に使用者の範囲について、「妃夫人、内親王、命婦、三位、嬪、女御、孫王と大臣の正妻」と定めている。また、身分によって宮門内での使用場所が区分されていた。後者については、妃、大臣の嫡妻、四位以下から内侍と前者より広く定められており、ここでも宮城内の使用場所が定められている。また、例外的な使用として、「皇太子の晴の儀は輦車なり」と『輿車図考』にあり、輿でなく輦車が使われたのである。

『親信卿記の研究』のなかで柴田博子は、輦車宣旨の出される具体的な手続について三例を報告している。これは男女で手続が異なり、女性の場合は次の六段階がある。

①まず、参入ごとに蔵人が、事由を門の吉上舎に宣旨を奉聞する。

②麴塵袍を着し、小舎人二人に脂燭を取らせて、前を行かせる。
③玄輝門に至り、門の敷居の内側に立って南面し、左右近衛陣の吉上舎を二声で召して、輦車で出入りすることを仰す。
④玄輝門の外で、左右兵衛陣に仰す。
⑤朔平門の外で、左右御門陣に仰す。
⑥宮伴宣旨が終わって、小舎人と共に帰還す。

男性の例では、天延二年（九七四）二月二八日条によると、左大臣源兼明と内大臣藤原兼通に「輦車宣旨」が出されており、宮門までの乗り物の許可であろう。まず、太政官の上卿が奉勅し、蔵人ではなく左近衛陣に弾正台と検非違使を召して宣旨が下されるのである。

以上から輦車の使用者は、公家の中の高位者で「輦車宣旨」を受けた者で、使用場所も宮城門から宮門、宮門内の移動など極めて限られた区域で使われる特別な車であったといえる。しかし、『石山寺縁起』には、石山寺詣での輦車の図があり、例外的な利用もあったのであろう。『古事類苑』器用部の車の項で、腰車の名称のもとに宮城外での使用例も記載されている。

牛車宣旨は、参内のときに牛車のまま宮門を通行できることの勅許である。その資格は摂政、関白、親王、宿老の大臣と大僧正などに許された。そして、輦車の宣旨をうけてから牛車宣旨を勅許されるのが例であった。通行指定の宮門は、『世俗浅深秘抄』では「執政家の牛車は上東門、自余の輩は侍賢門を用い、春花門へ参って車をこの門の外東辺に立てる」と例示している。牛車宣旨は太政官の上卿から左衛門陣に弾正を召し、左近衛陣に検非違使を召して、勅旨を宣下していたが、次第に諸宣旨とともに外記から伝宣するようになったという。

牛車宣旨の最も古い例では、承和六年（八三九）従三位文章博士菅原清公に、「老病で衰弱し、歩くことが困難」という事由での勅許が『続日本後紀』に記されている。その後は多くの牛車宣旨が行われ『古事類苑』によると、文久三年（一八六三）准三宮、上卿坊城大納言等に授与されており、江戸時代の公家衆まで継続していたことが読み取れる。

四　牛車の運行地域と道路

牛車の運行地域は、全国的にみると極めて限定されていた。それは平安京を中心にして畿内の主要道が走る地域であった。これ以外で牛車の使用が確認できるのは、斎王群行での伊勢道、鎌倉幕府の中心・鎌倉、『一遍上人絵伝』での薩摩・大隅八幡宮、江戸時代の和宮降嫁等であり、荷物運搬の牛車《うしぐるま》では江戸である。あと、平安時代末期の『更級日記』で上総国（千葉県）での乗車記述があるが、牛車か腰車かがわからない。

車輪付の大型の乗り物が通行できるのは、道路整備が基本条件となる。平安京は条坊制によって、東西四・五キロ、南北五・三キロの地域に都市計画された。大路が東西に一一本、南北に九本ある。

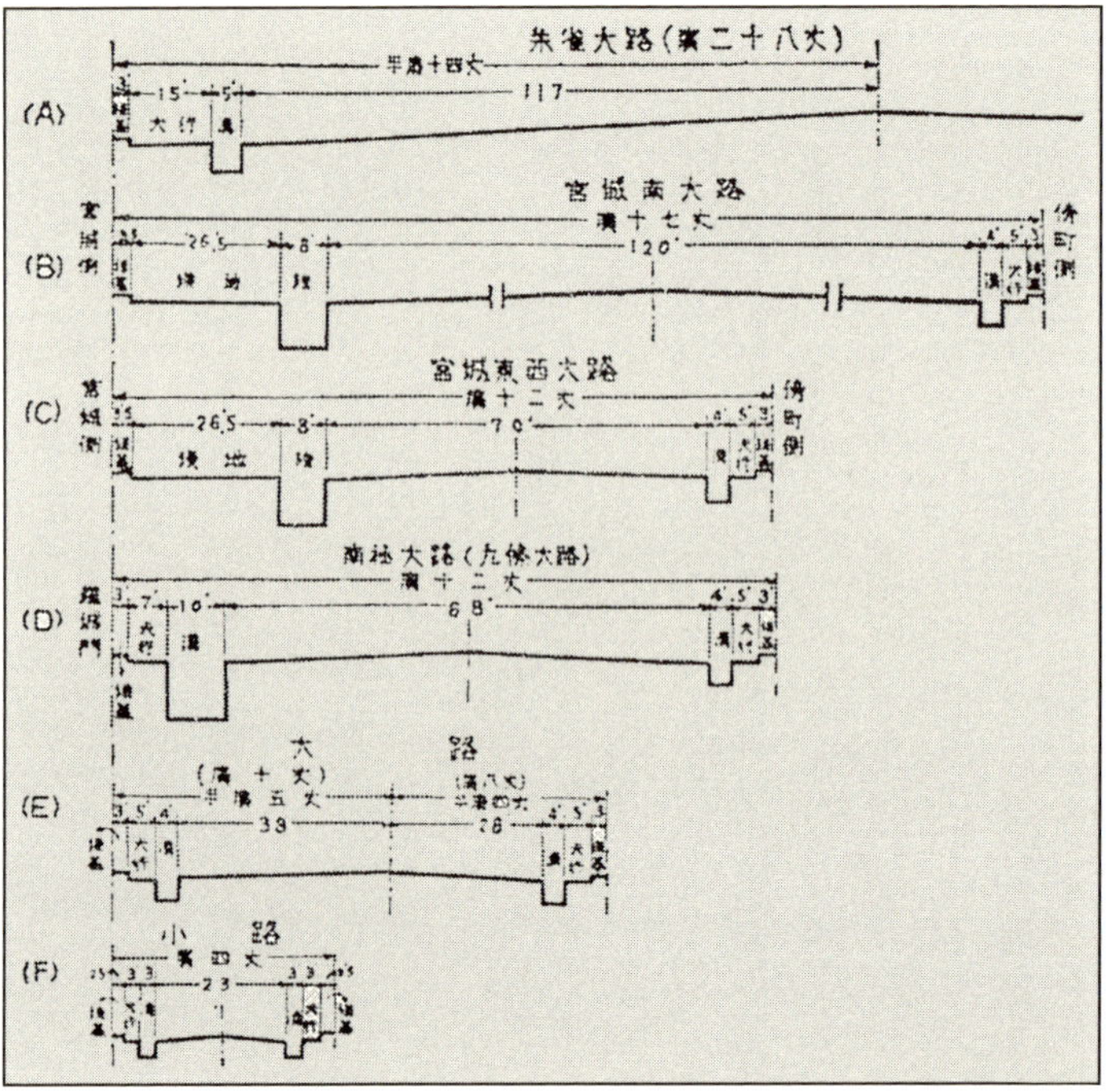

図14　平安京街路断面規格（牧彦七氏原図『明治以前日本土木史』より．文献２章８）

このうち、北辺中央の大内裏から南走する朱雀大路は幅員が二八丈（約九〇メートル）で最も広く、ついで、東西に走る二条大路が一七条（約五五メートル）、大内裏の両側面を南北に走る大宮大路は一二丈（約三九メートル）、平安京を囲む四面の大路が一〇丈（約三二メートル）で、このほかの大路は八丈（約二六メートル）であった。大路と大路の間には三本の小路があり、東西に二八本、南北に二四本走り、幅員は四丈（約一三メートル）であった。

　この大路と小路には、通路とは別に両側に歩道が設けられた。

表6　平安京街路検出主要轍跡一覧（文献2章8）

No.	位　置	調査主体・日時	路面の状況	文　献
①	西京極大路中御門大路上ル	市埋文（小松武彦・吉村正親・小檜山一良）96.6.19〜11.26	西京極大路路面と東西両側溝を検出．平安時代後期〜明治時代．路面幅3.5〜5m，小礫を堅く敷き固める．平安時代後期・鎌倉時代の路面に轍が残る	市埋文，1996「平安京右京一条四坊・法金剛院境内」『平成8年度京都市概要』
②	西大宮大路四条大路上ル	平安京調査会（吉川義彦）	西大宮大路路面と西側溝を検出．平安時代前期〜中期．路面に轍数条と足跡が残る．轍間隔は幅1.35mである．足跡は人間と牛のものがある	吉川義彦，1977「平安京・朱雀院跡と西宮領跡」『佛教芸術』115号
③	五条大路山小路西入ル	文化博物館（山下秀樹・南博司）90.86〜12.28	五条大路路面と南側溝を検出．平安時代前期〜中期．路面幅9m以上．路面中央に轍50条以上と足跡が多数残る．轍幅は5〜8cm，深さ10cm以下で，断面上方やや開いたU字形である．轍間隔は幅1.5〜1.6mで15m連続する．足跡は人間と牛のものがある	京都文化博物館，1991『平安京右京六条四坊九町・五条大路』同博物館報告第8集〔図6〕
④	朱雀大路六条坊門小路上ル	市埋文（平尾政幸）96.11.5〜12.6	朱雀大路路面を検出．平安時代後期〜鎌倉時代．路面を小礫・瓦を含む茶褐色粘質土で舗装．路面に重複した轍が多数残る	市埋文，1996「平安京朱雀大路跡」『平成8年度京都市概要』
⑤	西靭負小路塩小路下ル	市埋文（辻裕司・近藤知子）93.12.16〜94.4.7	西靭負小路路面と東西両側溝を検出．平安時代前期．路面幅約4m，砂・小礫で舗装．路面中央に轍が多数残る．轍間隔は幅1.3〜1.5mである	市埋文，1996「平安京右京八条二坊」『平成5年度京都市概要』〔図7〕
⑥	左京六条三坊十町	市埋文（内田好昭・丸川義広）90.2.27〜91.6.12	町内六条坊門小路付替え道路路面，北南側溝を検出．3時期あり．11世紀後半は路面幅8m程度，小礫を敷く．12世紀は幅12m以上，5cm以下の礫を敷きつめ堅固，多数の轍が残る．鎌倉時代は幅6m程，シルトと砂泥の互層で舗装	市埋文，1994「平安京左京大条三坊」『平成2年度京都市概要』

備考）市埋文＝京都市埋蔵文化財研究所，京都市概要＝『京都市埋蔵文化財調査概要』京都市埋蔵文化財研究所．

図15　京内住民のくらしの復元図（平安京西市に近い京内の一画．道路は西靭負小路．遺構の写真をもとに復原したもの．『図説京都府の歴史』河出書房新社，1994年より．文献３章15）

一般の大路では道路敷地の外端に垣基《かきもと》六尺（一・九メートル）、それから歩道一丈五尺（四・八メートル。大行き、大走り）、そして溝四尺（約一・二メートル）、この両側に柳などの街路樹が植えられ、中央が通路五丈六尺（一七・九メートル）となっている。また、小路は通路二丈三尺（約七・四メートル）、歩道と溝は三尺（約〇・九メートル）、垣基五尺（約一・六メートル）である。

西山良平・前田勝『平安京の住まい』には、街路の路面構造について「石を敷く路面と石を敷かない路面がある。石を敷く路面では、砂質土を混じえた直径一センチから一〇センチ程度の石が敷いてあり、表面は固く締まっている。石の代わりに砕いた瓦片を利用したり、表層をさらに白砂で化粧している例もある。形状は路面が一層もしくは数層重なった比較的平坦なものから、路面が十数層も重なり中央部が高くなる半月形の断面形を呈するものまである」と述べている。そして、側溝はほとんどの路面に伴っており、U字形やV字形の素掘りで、杭や土留めの護岸をしている例もある。石を敷く路面では、路面の修築による嵩上げに対応して、側溝を作り替えていることから、路面の維持と側溝の維持の間には密接な関係のあることがわかったという。

石を敷く路面の分布は、平安時代前期は平安宮内、朱雀大路、東京極大路、大炊御門大路、七条大路、右京域の春日小路と西市《いち》周辺などで確認されている。中期では上記のほかでは東洞院大路、右京域の三条大路以北、左京域の三条大路以北および六条坊門小路で、後期は右京域の西京極大路、春日小路、左京域の広域があげられている。また、東西方向では二条大路西靭負小路西入ルで前期と中期と考えられる一例のみである。全体としては平安京の中核である平安宮と公的施設周辺、中軸街路である朱雀大路などが、石を敷く街路として整備されている。石を多量に調達して路面を固める施工がしてあるところは、重量のある牛車の通行にとって好条件であり、道路としての機能が高い箇所であったといえる。石を敷く路面を備えた小路は、平安時代中・後期の左京域に広く分布しており、この時期には路面の形状として一般化され、牛車の通行が円滑になっていたのである。しかし、洛外の道は、平安京のように計画されたものではなく、歩道や街路樹などは設けられず、路面に特別な施工がされているところは主要道のみであったと考えられる。

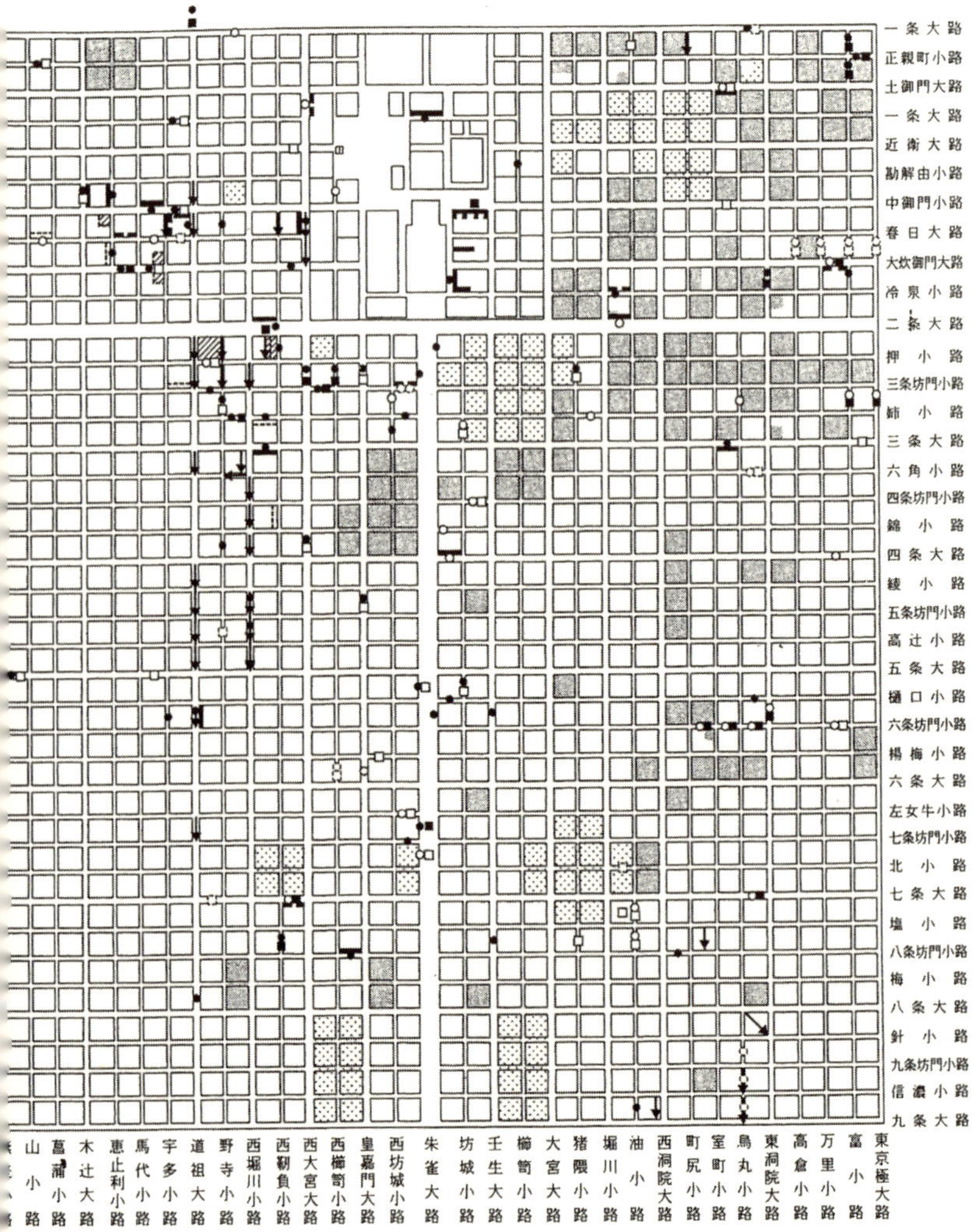

図16　街路関係遺構分布図（文献３章14）

五　牛飼童と牛の扱い方

童姿

牛車をあやつるのは、牛飼童である。手に手綱と鞭《むち》を持って、大きな牛を統御して乗る人を快適に運ばねばならない。牛飼童の容姿は、頭部は垂れ髪の童子姿で、水干や狩衣などを着用して草鞋をはいている。牛飼童は童子姿であるが子供ではなく若者から老齢者までさまざまである。この事由については諸説あるが、網野善彦は「獰猛で巨大な動物である牛を統御する上で、童の持つ霊力や呪的な力が期待されたとも考えられる」とし、黒田日出男は「七つまでは神の子とされる童の聖なる存在としての特別な姿の一面があった」として、幼な神である稚児、小舎童子、掌童子や八瀬童子、酒呑童子、護法童子などの特定の役割と結びついた人たちの事例との共通性を重視している。

牛飼が童姿ということは、元服することなく一生すごすのであるが、結婚はする。かつて日本の男子は成人のしるしとして元服の儀式を行い、前髪を切って髪型を変え、服を改め、頭に冠を加えるとともに、幼名を廃して烏帽子名をつけるのが慣例であった。牛飼童の名前は、犬男丸、小犬丸、黒雄丸のように、子供を呼ぶときの愛称であり、貴族層の人々が庶民の男性名を呼ぶときに付ける呼称のようなものでもあった。牛飼は貴族などに仕えて、雑用、雑役をする身分的には低い人たちの一つで

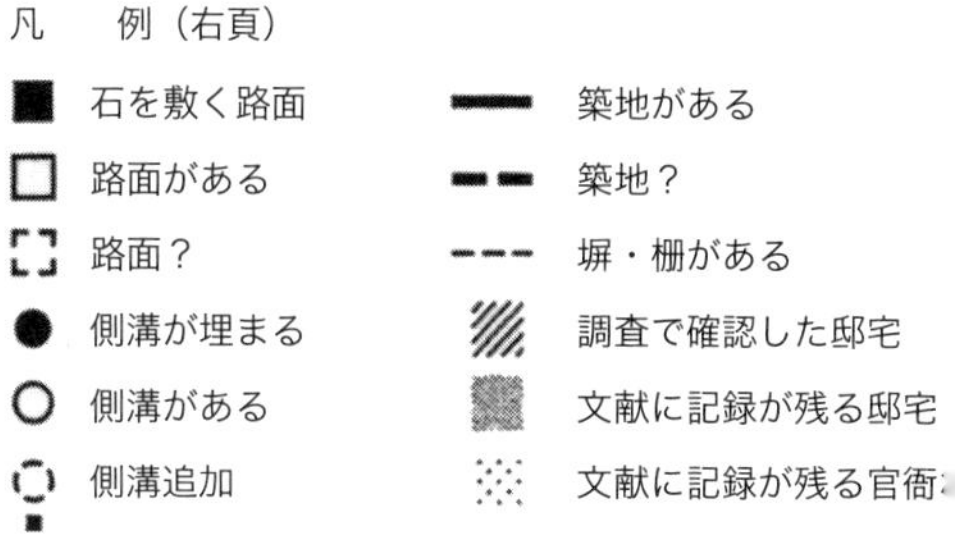

あり、一人前でない身分、つまり童という意味も背後に流れていた一面もある。つまり、牛飼童は独立した職能人ではなく、主人など何かに附属して仕える形で存在し、主家に忠義を尽くすことが求められていた。

清少納言は『枕草子』の五三段で、「牛飼は、大きにて、髪あららかなるが、顔赤みて、かどかどしげなる」と述べている。その意味は「牛飼童は体格が大柄で、髪の毛は太く荒く、陽に焼けた赤ら顔で、気のききそうなのがよい」であろうか。体形の大きさと強さ、毛髪の粗剛、風貌の頑強さ、動作の利発さの四つの視点から、好ましい牛飼童を記述している。この記述で解釈のわかれるのが、「かどかどしげなる」についてである。形容詞「かどかどし」には、①角々し＝ごつごつしている、②才々し＝才気ばしっている、という二つの異なった意味がある。①の解釈では体や顔つきが角張って強そう。気が強そうとし、②では気がきいて頼りになりそう、ものの役に立ちそうでたのもしいなどである。どちらを採用するかは職業としての牛飼童のとらえ方で異なる。前者は大きくて、強い力を持ち、馬より調教がきかず強情な性質を内包する牛と重車輌を扱う牛飼童には強靭な肉体と気力こそ必要であるとするものである。後者は猛々しい牛を統御するには強い体力は勿論であるが、主人や乗っている人に快適な運行を実施するには、場に応じた才智に富んだ気づかいや心ばえこそ大切であるとしている。牛飼童には、外形としての童姿ばかりでなく、内面には高次な人間性を要求しているといえよう。現代でいえば牛飼童は自動車のお抱え運転手にあたる職業である。平安貴族社会を代表する高級乗り物である牛車を扱う人たちにもこまやかな気遣いと雅《みやび》なセンスが要求されたと考え

図17　牛と牛飼童・牛車・車副（『法然上人絵伝』より．文献２章33）

られる。

牛飼童には、官庁の輩下にあって、行幸、行啓などの公的な行事などに従行する者と、特定の貴族や寺院などの専属になって、当家の出行を担当する者があった。また、自家用の牛車を保有していない公家や僧侶が牛車を使いたい場合は、多くの車を所有しているところへ借用依頼をして、車と牛飼をさし向けてもらって利用した。公的な車は宮城内の北の陣に設けられた車宿におさめられ、牛は牛屋につながれた。牛飼たちは宮城に近い京内に居住して、通って業務にたずさわったと考えられる。

私的な自家用牛車は、各邸内の車宿に入れられ、牛は牛屋に、牛飼はこれに隣接するところで寝起きして、牛の世話をする者もあった。頭領にあたる牛飼は、邸外の近くに住居をかまえ、結婚して子供をもうける者もあった。『安斎随筆』には、「牛飼の歳は、一七、八、九は勿論、三十、四十に至りて、童と称して童の体にてある也。牛の使いように巧拙あり」としており、牛飼童は若者から四〇歳まで幅広い年齢層の男たちが働いており、牛の扱いのうまさに差があることを指摘している。

『枕草子』の「女房のまゐりまかでには」(三〇六段)では、女房で宮仕えや退出の折には、車をよそから借用する場合があるが、持ち主は気持ちよく貸してくれたのに、牛飼童が「しっ」という言葉で強く追い立てて、車をひどく走らせ、牛を鞭《むち》で打つのもいやだと思われる上に、車副の従者たちがいかにもめんどうという様子で、「早く走らせろ、夜のふけぬうちに」などというのは、主人の心が推察されて、もう二度と頼もうと思えなくなると述べ、牛飼童や車副に、乗る人への心づかいのしつけができていないところへは、もう借用依頼をしないと断言している。牛飼童など車の運行にたずさわる者には、車の操作技術ばかりでなく、乗る人への対応に心配りが大切なことがうかがえる。

牛飼童が描かれている図絵は相当多くある。牛車が一輛だけで行くもの、行列の中で騎馬や供奉の人たちと進むもの、門前に参集した多くの牛車群などさまざまである。このなかで牛飼の職務に注目すると二つの形態がある。一般的なのは、「牛は追う」ので、牛飼童は手綱をとり、鞭を持って牛の横あたりに沿って、牛と同じスピードで歩んでいるものである。順調に進んでいるときは、牛は前方の路面などを見ながらゆっくり行くのが平常のペースである。こんなときは供奉の人たちもそれぞれの関心や好みに応じて、周囲を見回しながら歩いており、車のきしむ音がリズムになっているようである。特別な場合は、牛車に乗っている人が、身分が高くて車副が多いときである。こうしたときは、

表7　絵巻にみる牛飼童（文献2章3）

絵巻の牛飼童	頭　部	着　物	履　物	持ち物	その他
A 『伴大納言絵詞』第一巻　47頁	垂髪 髻括り	水干， 指貫	草鞋	鞭	脛巾 牛の側
B 『北野天神縁起』第一巻　206頁	垂髪 (括り髪)	水干 (模様) 奴袴	草鞋	鞭 手綱	牛の側
C 『親鸞上人絵伝』第四巻　41頁	垂髪	水干 袴	足元が隠れているため不明	手綱	牛の側
D 『長谷雄卿草紙』第四巻　83頁	元結 下髪	狩衣 袴	草鞋		馬の後
E 『直幹申文絵詞』第四巻　103頁	垂髪 (括り髪)	水干	草履	鞭	牛の側
F 『直幹申文絵詞』第四巻　114頁	頭髪無毛	直垂 四幅袴	足元が隠れているため不明	鞭	牛の側
G 『春日権現験記』第四巻　216頁	垂髪 (元結)	童水干	浅沓		供待ちの下﨟僧と話をしている
H 『法然上人絵伝』第五巻　73頁	垂髪		足元が隠れているため不明		検非違使放免などに囲まれている

牛の手綱をとり、轅《ながえ》近くに沿うのは車副の人たちで、牛飼童は榻《しじ》を持って車の後ろに従っている。車副は天皇家に直属する厩の官職員で、舎人や居飼などである。牛飼童は行列の進行にあたって、牛を直接操作しない職務になっているのである。上皇、女院、親王、関白などの特別身分の高い人たちの乗用の場合は、召具装束も、位に応じたものとなり、牛飼童もこれに合わせて、白張、狩衣、水干など主家の出行にふさわしい装束を着用するのである。

『駿牛絵詞』は大炊御門藤原頼実の孫が、一三世紀末か一四世紀初めころ牛車、牛飼などについて述べた故実の書である。なかに牛飼について、一〇〇年ほど前の一二世紀末ころと比較している部分があって、興味深い。内容の要点は次のようである。

●出仕のときの装いは、人々が格別目をたてることであるから、牛飼のふるまい、車の立ちなどについては、愚かなのは見苦しい。藤原頼実《よりざね》は、牛飼をよく教えたと生前に語っていた。

●加茂社の競馬見物に加茂の河原にやってきた一輛の物見車の牛と牛飼について次のように述べている。「牛は浅黄なる縄を鼻に通して、うなじ〔首すじ〕に結びたり。これも若き牛飼、すはえ〔鞭《むち》〕を腰にさして、縄をば後ざまにとりて、先に立ちて少しこしらふるさま〔いざない、導くよう〕に歩みたり。若き男の姿ことがらわらぐつのはきようまでも、牛飼にかわらぬ。胸懸《むながい》とりあわせて左の手にからみて、右の手して軛《くびき》のもとに押しつけたり。牛、軛をいただきて、尾をふりて歩むに、いくほどなくて牛飼右方へ立ちなおりて、縄くりもちたる左の手を轅《ながえ》にかくるかと思えば、牛のあがきをいだしておどる。この男、胸懸をすてて、かのそりあがりたる轅をささげて走る。牛は車を出ても、なおとどまらぬを先に走りつる牛飼かへりあひて、鼻に通したる縄にとりつきて、とかくしてひきとどめたり。」

●昔の牛飼は、牛を懲《こ》らしてやり入れた。このごろの牛飼は、牛を助け誇らかして、それほどでない牛でも面目がたつようもてはやすのは、どうしたことだろう。当世はたいしたこともない牛を、ものさわがしく扱って、狂わせたりする。それは牛のふるまいも、牛飼の手もと、足づかいも見えないのだから、牛飼とはいえず、牛おどろかしというべきだ。

●名牛飼賽王丸は、冷泉大臣の車を惣門から追って、五つの門をたゆむ足なく追い入れ、車寄にぴたりと止めた。こうした車扱いは今は思うこともできない。牛の逸物と曲物ははっきり違っているのに、当世は曲物までも逸物と考えているのは大変な間違い。

老翁の見解は、牛飼の振舞は品のよさが大切なので、よく教えることが必要、物見車の牛飼は、牛を追うのでなく先に立って歩いていて、牛の暴走に気づくのが遅れて騒動になった。昔は牛を「懲らし」てやっていたのに、今は「おどろかし」が横行しており、これは牛をおそれているのであり見苦しいことだというものである。牛は馬に比べて調教がむずかしい。普段の牛はゆったりしていておとなしいが、臆病なところがあって、外部の刺激に対して敏感である。ちょっとした刺激におどろいて走り出すことがあるという。平安時代の『年中行事絵巻』には、牛車が二五場面に描かれており、そのうち七場面で牛が暴れている。人々が参集し、刺激の多い都市での牛は危険性を内包していたといえる。だから、牛の逸物と曲物を見分けて使い、牛をコントロールできる技術を取得する牛道まで生まれたのであるが、牛車が拡大した一四世紀には、牛車の世界は相当混乱していたことがうかがえる。

老翁がイメージする牛車出発前の牛ならしについて、「まず牛のおもむきを見参に入りてのち、追うべきよしをうけ給りぬれば、縄をとり合わせ、楉《すはえ》をたて、牛飼の足をふみ定めて、牛を静かにも荒くも回して、左右へちがへ、とり合せてはからせ、はからせてはまた静め、かように追い侍りしかばこそ、牛飼ちからを入れず、牛の振舞も残るところなく侍りしか」と述べており、牛飼と牛の訓練の具体的場面をうかがうことができて興味深い。

酒宴を楽しむ牛飼童たちの話が、繁田信一『庶民たちの平安京』に紹介されている。

万寿四年（一〇二七）二月七日の夜、王朝貴族家の牛飼童たちが、平安京のどこかに集まって、酒を酌み交わした。参加者は左京大夫《だいぶ》源経親《つねちか》家の「犬男丸」、右馬助《うまのすけ》、源頼職《よりもと》家の「犬男丸」、前安芸守藤原良資《よしあけ》家の「春童丸《はるわら》」たちと、この会を取り仕切っていた関白藤原頼道《よりみち》家の牛飼童である。この夜宴は、子供のような身形《みなり》と名前を持つ庶民男性たちが、大人として酒盃を傾け合っていた。そして、戯れ歌、賭博などの余興を大いに楽しんで盛り上がったことであろう。「諸家の牛童等の相《あ》ひ集ひて酒食す」と『小右記』に見えるので、奉公先の枠を越えて同業者たちの集まりであることに注目したい。王朝貴族家に仕える者は、主家の従者たちとの結束を強めて、他の貴族家と対立する事例はよくある。主家に拘泥《こうでい》することなく、牛飼童だけで親睦を深めることは、平安時代の庶民としてはめずらしいことであったに違いない。生涯童形である牛飼童は、同じ主家の雑色たちのなかでは特別の存在であったので、別の主家に仕える同業の人たちとの親交を好んだのかも知れない。

この宴会に集まっているのは、平安京のすべての貴族家の牛飼童ではなく、関白である頼道家と関係のある諸家の者である。牛飼童たちの序列や結束を左右するのは、仕える主家の地位や勢力である。

だから、平安京には有力な貴族を核とするいくつもの同業者集団があったと考えられる。

こうした高家の牛飼童たちは、グループごとに折りにふれて集まり、会を催して横の連携を深めた。そして、宴会での飲食を通じての情報交換、余興、双六、賭博などの遊戯によって結束を固めた。牛飼童たちは、各貴族家での業務とともに、空いた時間には牛と荷車を使って、需要の出てきた荷物運びを請け負うようになった。これが次第に車借へと発展し、中世には馬借とともに有力な運送業者に成長するのである。また、こうした人たちは、時にはさまざまな騒動を起こして、郡の治安を乱すことがあり、「奸濫の輩」と呼ばれ、都を闊歩する無頼の庶民としての一面があって。この中心が「京童」と呼ばれ、「高家雑色牛飼童」が最も目立つ人たちであったという。

室町時代の皇室では禁裏牛飼があり、皇室領の牛飼料田も給付されていた。また、江戸時代初めの後水尾天皇時代の年中行事のなかに、「牛飼御祝」があった。牛飼の代表が一月三、四日に年始祝のため、清涼殿に出向いていた。牛飼は、親王らの皇族が御車を駕する所で、これを牽《ひ》く牛を飼育して奉仕している縁で、当日は庭に出向くと、内侍が簾を上げて、「めでたい」と三度申すと、牛飼はぬかずいて、この声を聞いて退出したという。

牛の飼育と仕込み

牛は古代から役畜として飼育され、平安時代には牛車の牽引力として盛んに利用された。九世紀の「駿牛絵詞」によると、名牛の産地は筑紫、出雲、但馬、河内などいずれも西日本であり、東日本の馬と対比される。このころの牛は、天皇家・摂関家や院の牛牧や諸国から貢上され、馬寮や院、摂関家の厩等で飼育された。鎌倉時代には、西日本を中心に各地に普及し、農村での役畜として拡大していった。

人間が牛を扱い易くするための最初の手だては、二、三歳ごろに行う鼻さしである。鼻に「ハナギ」（ハナグリ、ハナヅラ）という環を通すことである。これには、ねずやぐみなどの木材や金属、縄を用いるところもある。鼻さしをした日には、鼻差祝といって酒を買って祝ったという。そして、鼻木に長い縄をつけて、牛を制御するのである。

牛車に使う牛は七、八歳以上の体力が充実した時期に限っていた。『江戸の牛』によると、「飼育地から江戸到着後二、三ヵ月してから、四〇貫（一五〇キロ）ほどの軽荷を積んで牛車を牽く訓練を始める。近所から次第に遠方へ行き、荷物の重量も増してゆき、半年後には二〇〇貫（七五〇キロ）の本荷を積む」という。訓練の様子を記述からみると、

牛を仕込む時は、春秋を第一とし、夏は甚だ悪しく仕込み了《お》はる迄には、六十日を要するを常とす。仕込方法は、先ず鼻木に二本の緒綱を付け、それより山形の鞍を背に乗せ、次に二本の綱を二人にて左右に分け鞍の穴に通し、さらにその両端を後方に引き付けながら数日間車を牽《ひ》かしめやがて車の梶棒内へ身体を入るるを気に掛けぬ様にするを待ち、今度は三四俵の米俵を乗せて牽かしむるなり。其間往々車輪の轢《きし》りに驚き、駈け出し吾れと肩を傷つけることあるべし。これで

肩の稍々《やや》固まるに及び、今度は二百貫位の物を乗せ、それより日を逐《お》うて重荷を牽かしむる事となし、而して牛一日の食量は通例うどんの粉又は豆腐の殻を一斗二升程なるも、仕込中は食事は八九分に減じ、気力を殺《そ》ぐなり。いよいよ仕込み了はりたる時には、オーと呼べば留り、シッといへば歩み出し、チョッチョッといへば左に曲り、手綱を引けば右に曲るという事を教ふるなり。手綱は長さ三尋半なるが、これは只に牛を追う時のみならず、荒れを防ぐ事にも用う。例えば牛の狂い出せる時は、綱を寛《ひろ》めて波形に振るなり。然る時は、その綱の波動が牛の鼻へ当るにより、牛は怖気を生じ、ついに柔しくなるという。又、一台の車に牛を数頭繋ぎて牽かしむる事は別段仕込まず。通例、牛一頭に牛方一人ずつ付き、注意を加うるまでなれども、就中車の直《じ》き前に付く牛は元牛《もとうし》と称えて、強きものを選むが故に、従ってこの元牛の持主には、他よりも多くの賃銭を払うなり。(『時事新報』)

とあり、牛の仕込みのプロセスが具体的に描写されていて興味深い資料である。牛方(人間)が牛に指示する言葉は、そんなに多くはないが、作業を生み出すきっかけとして重要である。この中味は牛の鳴声など牛となじみの深い発音の言葉が多い気がする。南部牛追い歌にある「パッパパッパパー」は、危険な路を通るときの注意のかけ声だといわれる。三宅島では、前へ歩けは、やさしく「ホレホレホレ」、急いで歩けは強く、「ホレホレ、チェチェチェッ」、右に行けは「ケシケシ」、左へは「サシサシ」などが使われているという。牛言葉は全国共通ではないが、各地域には方言ともいえる慣用語があり、人間と牛のコミュニケーションを円滑にしていたのである。
牛の所有は費用と手間が相当かかるものである。だから、名門貴族家でも何頭も牛を所有することはむずかしく、自家用の一頭を頼りにしていた。しかし、牛は生き物であるから、適宜の休養、放牧も必要である。平安時代には、濃厚飼料ではなく、牛を野原などの休閑地や河原の中州に放牧して飼養していた。ここ二、三日は牛車での出向はないと思って放牧に出していた折に、急な呼び出しが入って困惑し、旧知の人に牛の借用を依頼した実例が、繁田信一『御曹司たちの王朝時代』に紹介されている。名門貴族の左近中将源氏が藤原右大弁に、手紙で次のように頼んでいる。

つい今し方、皇太子さまから喚《よ》び出しを受けたのですが、私が牛車を牽《ひ》かせるために飼っている粗末な牛は、放牧のために野に出しておりまして、このままですと、皇太子さまのもとに馳せ参じることのできない私は、怠け者の烙印を押されてしまうに違いありません。ですから、貴殿が牛をお貸しくださるのでしたら、それこそが今の私には願ったりかなったりのことです。軽輩が謹んで申し上げます。

これを受けた藤原右大弁は、「繭《まゆ》か栗のような小さな角しか持たないことを恥ずかしく思っておりますものの、ご意向に合わせてこれを提供致しましょう」と承諾している。左近中将源は早速「幸甚、幸甚」と礼状を出している。牛を評価するのに、角の大きさや形が関心の中心であることがうかがえて興味深い。

六　車借

重い荷物を運ぶ牛車《うしぐるま》は、延暦三年（七八四）から造営が始まった長岡京で発掘されており、奈良時代にも使用されていたことがわかる。平安時代の牛車は乗用が中心であったが、荷物運搬の需要もあった。とくに、一二世紀末の東大寺再建では、大型力車を牛に牽《ひ》かせたという。

車力は一一世紀にもみられるが、車借《しゃしゃく》という牛車による運送専門業者があらわれるのは一二世紀であろう。車借は、車と牛方、牛を所有して、委頼された物資を運送する独立した経営者である。車借の具体的な様相がうかがえるのは、藤原明衡《あきひら》により永承七年（一〇五七）ころに著されたとされる『新猿楽記』で、当時、京で流行していた猿楽をみている観衆の三〇人の職業と生活を描いたものである。そのなかの西京の右衛門尉の娘について「七の御許《おもと》〔女性を親んで呼ぶ尊称〕は、貪飯《たんはん》愛酒の女なり」では、

七の御許は貪飲愛酒の女なり、好むところは何物ぞ、……形貌端正といえども、馬借、車借の妻たらんことを願う。件の夫は越方部《おちかたべ》ノ津五郎、名は津守持行と云々。東は大津・三津〔大津市坂

本〕を馳せ、西は淀波〔京都市伏見区〕、山崎〔京都市乙訓郡大山崎町〕を走る。牛の頸は爛《ただ》るといえども一日も休むことなく、馬の背は穿《うが》つといえども片時も治めず、常に駄賃の多少を論じ、つねに車力の不足を諍《あらそ》う、等閑《なおざり》にして腰を屈《かが》めず、ないがしろにして紐をおさめず、足は藁履《わらぐつ》を脱ぐ時なく、手は棰鞭《すはえむち》を捨つるの日なし。踵の皹《あかがり》は山城茄子の霜に相《あ》うがごとく、脛《すね》のひびは大和瓜の日に向うごとし。ただ牛馬の血肉をもって、将《まさ》に妻子の身命を助けんとするのみ。まことに一家の面を伏する、ただ七の娘のところにありと云々

とある。美酒・美食をひたすらに好む女性が、夫としたいと願ったのが、馬借や車借で、その経営者の代表として津守持行の姿が描かれている。営業地域は東は大津・三津、西は淀、山崎とし、牛馬が疲れたり、傷ついたりしても一日も休まず精励し猛然な働き者である。また、駄賃の多少を論じ、車力(牛車のことか)の不足を争うとしており、院政期には荷物運送の需要が相当あったことがうかがえる。なお、『新猿楽記』の成立年代について、一一世紀ではなく一二世紀以降であるとの見解もあることを付記しておきたい。

一四世紀初めころの『石山寺縁起絵巻』をみると、寺の建築現場で二輪の牛車が長い材木や土などの運搬を行っている。大きな黒牛や黄牛《あめ》が下を向いて懸命に牽《ひ》いている。童形の牛飼童が轅《ながえ》を支えて牛に沿って歩んでいる。重量資材の多い建築現場では、牛車の活躍する場が多かったといえよう。

一五世紀、玄恵の『庭訓往来』の一節に、

およそ京の町人、浜〔堺か〕の商人、鎌倉の誂物《あつらえ》〔注文品〕、宰府〔太宰府〕の交易、室・兵庫の船頭、淀・河尻の刀根〔湊の取締役人〕、大津・坂本の馬借、鳥羽・白河の車借、泊《とまり》の借上〔金融業者〕、湊々の替銭〔送金の為替〕、浦々の問丸〔問屋〕、割符《さいふ》〔手形〕をもって進上し、俶載〔舟・車〕にまかせて運送す

とある。これをみると、物資集散の全国の特色ある所と、商業・金融の著しい発展がうかがえる。大津・坂本の馬借と鳥羽・白河の車借を対比して出しているところに注目したい。

鳥羽（京都市南区上鳥羽）は、朱雀大路の延長線にある農村であるが、応徳二年（一〇八五）に白河天皇が、鳥羽殿という後院（天皇譲位後の隠居所・離宮）を設け、北は京、南は淀にいたる鳥羽街道の要地になっていった。鳥羽の車借は土地からの物資を淀で陸揚げして京に運び、京の物資を帰り荷で運んだのである。

京の東郊の白河（京都市左京区白川）は、一二世紀から貴族の住宅地となったが、貴族の没落後は近郊農村であり、京と近江坂本を結ぶ間道であった。坂本には馬借が盛んであったので、京—坂本間の馬借と車借の競争があったと思われる。この経路は山中峠という山坂道を通るので、牛がここを登るのは相当の困難があったから、平坦な鳥羽に比べて白河の車借は不振となった。

車借は一一世紀に誕生して、一四、一五世紀が最盛期といわるが、こうした過程を経た理由について、網野善彦は「西の宮と北野社について」（『都市と共同体』）で、

牛飼は馬寮、あるいは院、摂関家等の厩に属する童形の人々であり、〔中略〕牛飼童は間違いなく交通業者としての車借を兼ねていた。それは鳥羽殿の院の厩に多くの牛飼が属していたこと、車借の最大の根拠地が鳥羽の地であったことから見ても確実と思われるが、北野社はこうした牛飼—車借を神人として組織し〔以下略〕

と述べている。院や貴族に属して牛車の運行を担当していた牛飼童は、本業の主人の仕事がないときは余業に車借の仕事を行っていたという。そして、貴族層の牛車運用が困難になっていく鎌倉〜室町期にかけて、当時の陸路における物流の中心であった民間の車借に転換して、本業にしたのである。貴族社会の経済的疲弊による牛車衰退の一因として注目できる。また、佐多芳彦は「牛車と平安貴族社会」(『服制と儀式の有職故実』)のなかで、牛飼童が乗用牛車から荷物運送の車借への転換が容易であったのは、「牛車も荷車も同じ構造で、牛車の牛飼童に牛を牽引力とする荷車の運用は可能であった」とし、「スキル(技術)としての牛の運用・扱い、アイテム(道具)としての荷車の運用、両者を併せもつ牛飼童が車借としての職能に傾倒していくことは、非常に説得力がある仮説と思う」として、網野見解に賛同している。

七　車宿と車の立て方

高位の貴族は、多くの家司を抱えている。牛飼童も家司としてつかえ、主家の牛車運行を担当する。牛車や牛をおさめる車宿は、屋敷の正門近くに設けられている場合が多い。図18の一条京極家には、唐門の左手と、北門近くの北車宿の二ヵ所に、それぞれ独立した建物が建てられている。車宿には牛車がまとめて収納されていて、車輪を確認することができる。出行の用向きによって、晴《はれ》の儀式に使う車、日常用務や私用に使う場合などが選択されて、ふさわしい形装で出立するのである。

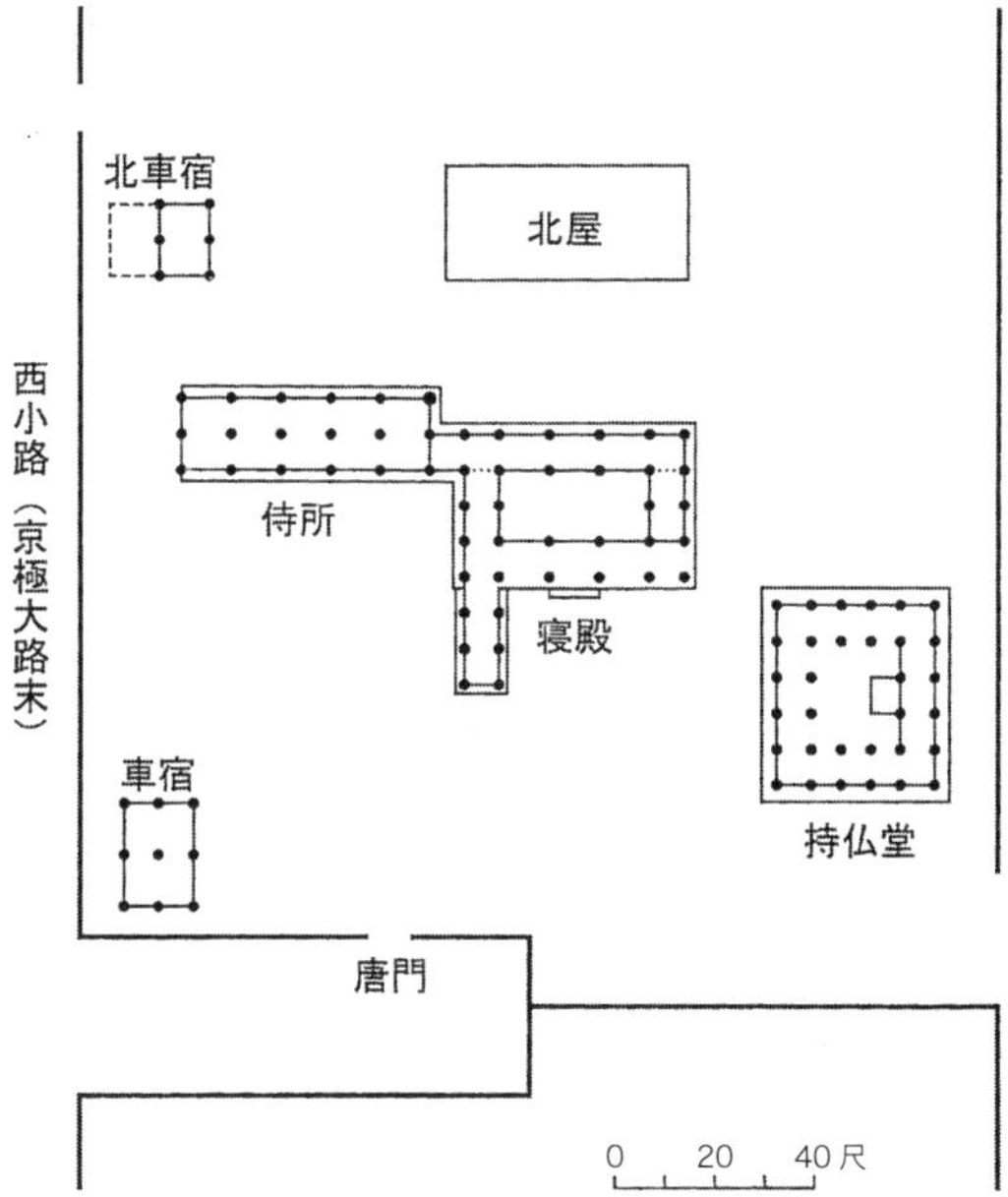

図18　一条京極邸復原平面図の「車宿」（藤田盟児氏による．文献2章3）

用務先へ到着し、車を止めて牛をはずすと、乗っている人は前から降りるのであるが、車を駐車する場所は、身分によって位置が定まってい

図19　車宿（『法然上人絵伝』より．文献 2 章33）

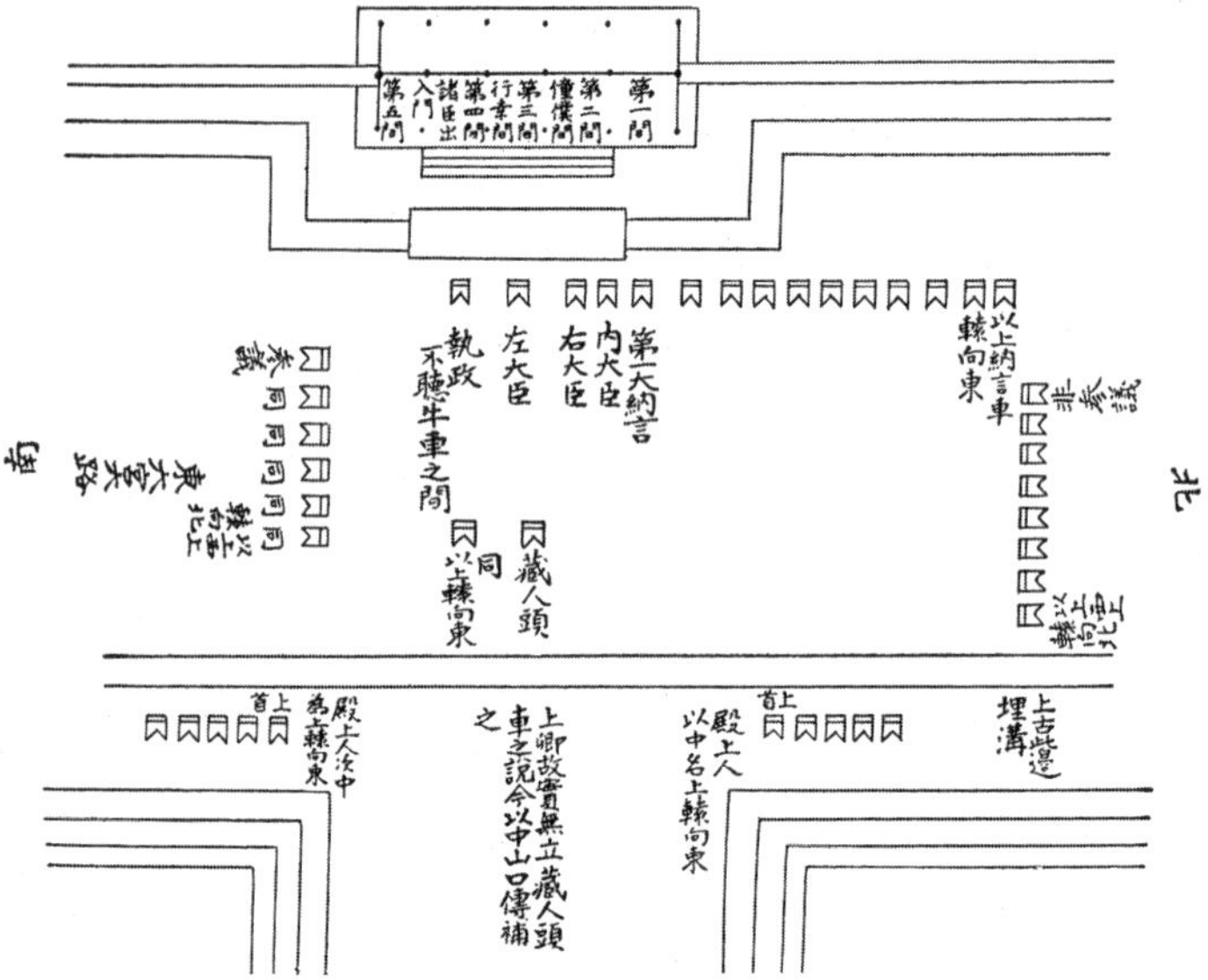

図20　車立様図（『武家名目抄』より．文献 2 章23）

た。『武家名目抄』をみると、内裏の陽明門前は大きな行事がよく行われ、多数の人が参集することから、車立様についての定めがきちんとしていた。図20をみると、正門前には、大臣、大納言、納言、左手に参議、右手に非参議の牛車が轅《ながえ》の方向を揃えて整然と並んでいる。こうした慣例が定例化すれば、多くの高位の方が参集しても、混乱なく大きな行事が挙行できたのである。

第3章

牛車使用の時代別様相

一　平安時代

『年中行事絵巻』

平安末期に、後白河上皇（一一二七〜九二）の命によって制作された『年中行事絵巻』は、平安京の景観や風物、人々の生活がカラフルに描かれていることで、平安時代の様相を具体的に伝える貴重な資料である。内容は代表的な年中行事の展開を描きながら、町中の景観や風物、人々の生活を有職故実に即して表現している。そして、庶民から貴族、天皇まで社会全体の階層が描かれているので、時代の特性をうかがうことができる。こうしたなかで、絵巻の牛車に注目して、平安時代の社会生活の特色を探ってみたい。

この絵巻は六〇巻のうち、別巻を含めて一九巻が伝えられている。このうち、関白の賀茂詣は重複しているので、詳しい別巻を取り上げて、牛車が登場する一五巻について分析することにしたい。

描かれた牛車の総数は八五輛で、関白や殿上人など高位の人の乗用は檳榔毛車で一六輛（一八・八パーセント）、そのほかの貴族、役人の乗用が六七輛（七八・八パーセント）と多く、あとは荷車が二輛である。

牛車の使用目的を分類すると、最も多いのは、各種の祭礼、騎射、御霊会などを見物する「物見

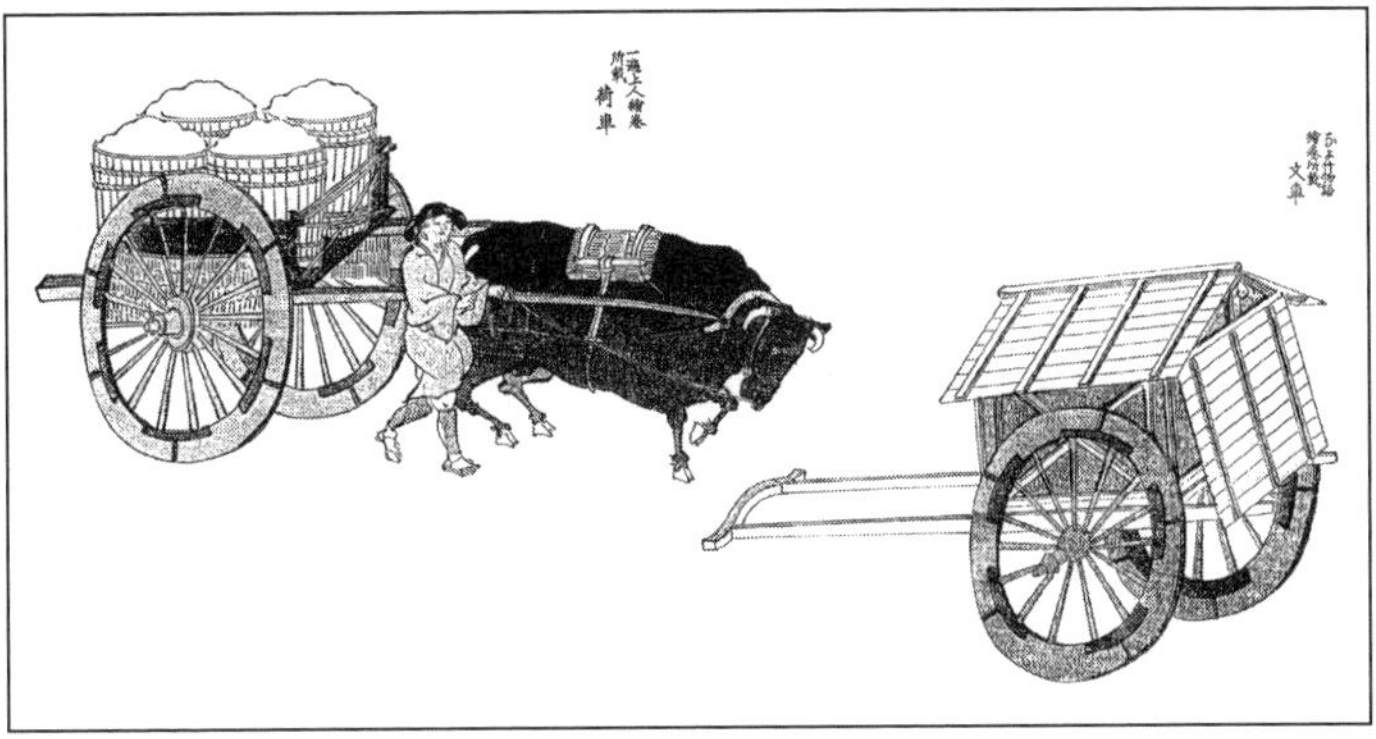

図21　荷車・文車図（『輿車図考』より．文献 2 章32）

車」で、五八輌（六二・二パーセント）である。次いで、それぞれの年中行事を遂行する関白、検非違使などの役人が一三輌、行事へ参向するために内裏や貴族邸の門前に参集する牛車が一二輌と、それに荷物運搬の荷車である。

　牛車が描かれている場所別でみると、物見車は行列が通る一条大路などの街路の両側、馬場や射場近くの行事の見やすい場所が最も多く、早朝から出向いて待機するのである。牛は轅《ながえ》からはずされて別の所で牛飼童と待ち、随員や雑色は車近くで待機する。車に乗っているのは身分の高い五位以上の貴族、女房、高僧などで、街路へ向けて駐車し、目の前を次々に通る行列を楽しむのである。

　次に多く描かれているのは、行事が遂行される街路上、市《いち》、幄舎《あくしゃ》（祭事を行うとき、紫辰殿の前庭に幕を引きめぐらして設けた仮屋）などの場所や施設である。そして、もう一つは行事に参加するため牛車が参集した内裏や貴族邸、寺院などの門前である、入口の門の近いところには身分の高い檳榔毛車が何輌か整然と並び、遠くには文車《もんのくるま》などが立てられるのが慣例

(『年中行事絵巻』より．文献３章51)

である。

この絵巻のなかで、他にはない特色ある場面を三つ取り上げてみたい。

●関白の賀茂詣

関白の賀茂詣は四月の賀茂祭の前日に行われる。最高官僚の行列として注目される。関白の檳榔毛車を中心として、前後に多数の従者と一門の公卿や殿上人などを従えての大行列である。

行列の次第をみると、先頭は居飼《いがい》（牛馬を預かる雑人）、次に騎馬の舎人《とねり》（近従して雑事を掌す従者）、随身一〇騎に続いて前駆《さきがけ》の公卿たちが束帯姿の二列一〇騎で進み、脇に口取や童も付添っている。そして、関白乗用の牛車がゆっくり進む。立烏帽子、狩衣の車副六人が左右に分かれ、慎重に牛に添い、牛飼童は車輌の横に榻《しじ》を持って従っている。牛車の後ろは弓矢を携えて警固にあたる検非違使の一行が続

図22　関白の賀茂詣

き、さらに、風流《ふりゅう》の大菅《すげ》傘をさしかけて、白張の雑《ぞう》色《しき》たちが行く。また、その後に闕腋《けってき》の袍を着て、巻《けん》纓《えい》・緌《おいかけ》の冠をかぶる騎馬の一行は、近衛の楽人たちで、社頭で管弦を奉納するのである。その後には、扈従《こしょう》の公卿や殿上人の車が七輌も続くが、前駆はなく、車副も二人で随身と雑色たちは車の後にまとまって従っている。街路には物見車の群がみられる。

関白は自邸で斎戒沐浴《さいかいもくよく》し、正装して牛車に乗り、下社を拝み、次いで上社に向かう。それぞれで神宝奉幣、走馬、舞楽を奉納して、一門の繁栄を祈る儀式である。牛車と従者が中心で、華やかな冠直衣姿の騎馬が目立つ行列だといえる。

●牛車の疾走

牛車の状態をみると、駐車中が四四輌（五一・八パーセント）であとは進行中であるが、このうち疾走して騒動になっているものが三場面で一三輌（一

図23　疾走する牛車（『年中行事絵巻』より．文献３章51）

三・七パーセント）ある。このうち四月上卯を式日とする伏見稲荷祭をみると、七条大路を馬長《うまおさ》（小舎人童などを美しく着飾って馬に乗せて練り回らせるもの）や供奉の随身や雑色の行列が進む一部で、路上が大混乱になっている。みると、道の真中で二人の男が大声をあげて刀を抜いて斬り合いを始め、周囲の人たちは一せいに逃げている。この混乱がきっかけになったのか一番近い牛が驚いて、軛《くびき》をはずして逃げ出した。このため牛車がずれて、そばを反対方向に走っている牛車に接触した。そして、この車の輪が大きな音を立てて大破し、車輪の一部が飛び散っている。牛飼童は危険を感じて手綱をぴんと張って牛を止めようと必死であるが、牛は火焔のような激しい吐息を吹いてつっ走っている。後簾が大きく吹き上がって、乗っている公卿はふり落とされる寸前である。牛が離れて急に止まった牛車の随身は、かけ寄って前簾を引きちぎらんばかりに引っぱって、車中の僧の救出に懸命である。

牛車の疾走場面が一四パーセント近くも描かれているのは、日ごろはおとなしく、ゆったりしている牛も何かの刺激で暴走

図24　荷車と検非違使（『年中行事絵巻』より．文献３章51）

する危険をはらんでいることを示している。牛は馬のようには調教ができず、暴走の不安がぬぐえないためか、牛飼童は「童姿」が通例である。これは童の神秘性で牛をコントロールできるのではという期待の反映であろう。しかし、いったん暴走した牛を鞭《むち》と手綱で止めることは至難である。このため交通混乱を引き起こすことがあったのである。雑踏する祭礼などの路上で、突然暴走する牛車は、庶民にとっては危険この上ない存在である。だから、随員を従えてわがもの顔に進む貴族の牛車は、平安時代のステイタスシンボルであったが、庶民は格好のいい乗り物というよりは不安で危険性をはらみ、自分たちとは別世界のじゃまな乗り物ととらえていたのではないだろうか。

●荷車と検非違使

二輛の荷車が検非違使庁の官人に、突然の街頭検問を受けている場面が描かれている。下方の荷車は、官人によって轅《ながえ》から牛がはずされ、積荷の薪が路上に四散している。そして、官人が棒で荷物をかき回して、隠し荷がないか探索している。

上の荷車は前方を官人がさえぎって、牛車を止めようとしている。荷車には八俵の米俵と市米笠をかぶった女性が乗っている。突然の検非違使の制止に驚いて、金切り声を上げているような表情である。この巻一三はいくつかの画面をぬき写しにしたもののようで、さまざまな珍しい場面があり興味がつきない。重い荷物を運ぶ荷車の運行図はこの部分だけで貴重である。

荷車は奈良時代から東大寺の建設資材や東西市《いち》の物資運送に利用されていたことはよく知られている。平安京においても、物資運送の需要はあり、一一世紀には「車力」という車引きが文献上に登場する。平安中期藤原明衡《あきひら》の『新猿楽記』には、馬借・車借の代表として、津守持行を登場させ、東は大津・三津、西は淀、山崎を走って、駄賃の多少や車力の不足を争うとしている。乗用の牛車とともに、荷物運送用の荷車も用役や軍役、荘園からの年貢や、各種の商品輸送に相当広く利用されていたといえよう。

『平治物語絵巻』

●三条殿夜討の路次雑踏

平治元年（一一五九）一二月九日夜半、後白河上皇の近臣・権中納言藤原信頼《のぶより》が、朝廷側の少納言入道信西を一挙に葬ろうとねらっていた。平清盛が熊野詣に出て不在の折、源義朝と結んで数百の兵

図25 「三条殿夜討」(『平治物語絵巻』をもとにした切り絵．野田和子氏作・提供)

を起こし、上皇の仮御所三条殿を夜襲して火を放った。この画面は、院の御所夜討の風聞に驚いて、三条大路を馳せ参向する公卿、殿上人、御府官人らの雑踏を描いており、詞書には、「馬、車の馳せちかふ音、雷のごとし。天にひびき、地にひびくことおびただし」と、緊迫した喧噪ぶりを伝えている。

入り乱れて馳せ参ずる人々の乗用具の中心は、牛車と騎馬である。このなかでも六輌の牛車が構図の要点に配されており、圧倒的な存在感を漂わせている。進行方向は左手の三条殿であるが、どうしたことか手前の牛が急に向きを変えた。車は大きく揺れ、乗っていた公卿は車箱の中でもんどりうって一回転したのか、後ろ向きになった顔が物見から見える。前後の簾が大きく波打ってはためいている。路端にいた男は、牛の予想外の動きに車にまきこまれ、二人とも倒れて烏帽子が飛び、車にひかれそうになっている。今日の人身事故さながらの状況である。思いがけぬ牛の暴走に驚いた牛飼童は鞭《むち》を振り上げ、遣縄をしめて懸命に牛を制御しようとしているが、牛をしずめることはできていない。

これを見て危険を感じたのか、近くの左向きの車の牛も疾走している。後簾が大きくはね上がり、引懸簾が二つ平行に後方へなびいている。牛は後足を大きくけって浮き、車輪は円形の線を重ねて早い回輪を示しており、この牛車はすごいスピードで走っていることがわかる。この車は、網代の青地の車箱に、黄色で家々の文様を描いた「文車《もんのくるま》」で、絵網代とも呼ばれる殿上人の乗用である。屋形の棟表には霞を描き、袖表には欅に唐花菱の文様、紺青地の長物見の上の欄に千鳥、下の腰には州浜に松と千鳥を描いている。牛は白黒斑で赤の畝鞦《うねしりがい》をかけ、萌葱《もえぎ》の狩衣に同色の狩袴を着た牛飼童が、白布の遣縄を振って右側を走っている。牛の脚の間には、黒漆白造胴金入りの腰刀が落ちており、車輪近くには犬が吠えかかっており、路傍の雑踏のあわただしさを細かいところまで伝えている。

正面の奥には、雑色、随身、衛府などの輩を従えた大型の白っぽい車の一行がゆっくりと進んでいる。他の五輛の牛車は疾走してあわてているのに、この車は輻《や》が二四本はっきり見えるほど静々としかも確固たる雰囲気が対照的である。この車は車箱の表面がすべて檳榔毛で覆われており物見はない。上皇以下三位までの公卿が用いる高級仕様車である。さらに、この車は前板の内の高欄に黄金物が打ってあるので、大臣以上の所用であることを示している。そして、車副の人数や随伴の構成からして、これは関白右大臣藤原基実《もとざね》の一行に違いない。後簾を手で押し開いて、立烏帽子、狩衣姿の半身を出して、不安げに前方を臨んでいる関白基実をうかがうことができる。簾は濃蘇芳竹、紫編糸銀縁で、下簾は白絹の半ばから下を蘇芳濃蘇と段をなして深めてある。

図26 「六波羅行幸巻」(国宝『平治物語絵巻』部分．東京国立博物館所蔵．Image: TNM Image Archives)

車を牽《ひ》く牛のうち、いちばん上等といわれて尊ばれたのは飴色をした黄牛《あめうし》である。これに赤の畝鞦《うねしりがい》をかけ、鼻面に白布を三ツ折にした綱を通してひげをたくわえた車副二人が左右から引いている。垂髪の牛飼童風の男は牛の右側と車の後方左側に水干姿で従っている。左前方に後方車輪が見える檳榔毛車は基実の料と同じものであるが、車副はなく牛飼童が遣っており、前関白藤原忠直の乗用と考えられる。

牛車、牛飼童、公卿、鎧武者など平安時代の風俗を代表するものが、動と静のコントラストをたくみに組み合わせて描かれている。一人一人の表情を追うと興をそそられる場面がいくつかある。

●公卿・殿上人の六波羅参向

「六波羅へ行幸すでになりたり。御方に志あらん武士ならびに公卿・殿上人、急ぎ参るべし」と、蔵人右少弁藤原成頼《なりより》は、京の町を馳せ巡って、公卿らの門々に触れて回った。六波羅の平清盛邸へは行幸があり、帝や中宮、女院を迎えて二条天皇（一一四三〜六五）の皇后になっていた。

築垣をめぐらし、檜皮葺の壮麗な四脚門のある清盛邸の門脇には、何輌もの牛車と空鞍で控える馬、門前には平家重代の郎党たちが甲冑に身をかためて、弓を平めて二列に座っている。

車は門に近い右手に檳榔毛の車が三輌整然と並び、八葉紋に袖だけ唐花にした文車《もんのくるま》が続く。檳榔毛車と文車の間には、白布の綱を角巻《つのまき》にし、鞦《しりがい》を背に解きかけた牛がいる。萌葱《もえぎ》水干の牛飼童が、檳榔毛車からこの牛をはずして、白の遣縄を持ちながら、軛《くびき》の下に榻《しじ》をすえているところである。牛の背にかけた鞦、甲板を簀子打にした榻を用いているところから、この檳榔毛車は大臣以上の乗用であることがわかる。

大臣級の牛車の一行のうち、到着とともに主人と門内に入るのは、前駆の殿上人、随身、舎人などであり、車近くに控えてるのは居飼、雑色、雨皮持、笠持、牛飼童などである。車の轅《ながえ》沿いの白張の雑色、狩衣姿の居飼、笠持の白張と車の間には立烏帽子から四人を確認できる。また、図26では見えないが、右端には朽葉の水干姿の牛飼童が足を投げ出して座り込み、首を下げた牛の綱を持って休憩している。邸内の主人が帰るまで、長時間を門前でゆったりと待機するのである。

『伴《ともの》大納言絵詞』

この絵詞は後白河法皇（一一二七〜九二）の命で作成された平安末期の作品である。貞観八年（八

図27　「伴善男の逮捕」（『伴大納言絵詞』より．文献３章53）

六六）の応天門（平安京大内裏、八省院の南面正門）の放火炎上をめぐる陰謀露見の物語を、鮮やかな線描と色彩によって動きに満ちた画面につくっている。伴善男大納言はかねてより不和であった左大臣源信に炎上の罪をきせようとしたが、太政大臣藤原良房らは密告を認めて善男の放火と判断し、伊豆国への遠流の刑となった。この物語の最終場面は、検非違使一行によって伴善男が逮捕されて流刑地へ送られるところである。伴邸の門前へ到着し、看督長が大声で来所理由の口上を述べると、流人の善男が家から出てくる。すると、放免（罪人を配所へ押送する下部）が牛車に乗せる。普通罪人は馬の逆鞍であるが、特別の高官の流人で止むなき場合には牛車がゆるされた。今回は前簾を下ろして、後簾を上げて、流人は後ろ向きに乗せられて、外から容姿をうかがうことができるようにされた。そして、罪人の冠の巾子《こじ》（冠の頂上後部に高く突き出て、髻《もとどり》をさし入れ、その根元にかんざしで留める部分）は脱せず、纓《えい》（冠の両端にしんを入れて、薄く織った絹の布を張り、冠の後に垂れるもの）などは看督長の手で非情にも引きちぎられるのである。この時代は男子が頭頂をあらわにすることは、この上ない屈辱であった。牛車を見ると、色のくすんだ長物見の粗末な網代車である。後の簾を巻き上げて上部で止め、伴善男の袖の指貫の一部をのぞかせて斜め後ろ向きに座っている様子がうかがわれるが、顔は簾にさえぎられて見えない。

流人追補の検非違使一行の行列次第は、先頭が看督長二人、次に流人を乗せた牛車、その後方に廷尉二人、火丁と随兵五騎が続く。流人の家人や陪従の随行は許されず、追使一行の準備した下部たちによって、牛車の運行が行われた。行列の出発準備が終わると、おもむろに出立した、この図は牛車の車輛が楕円に描かれており、ゆっくりと進んでいることを表している。鞭《むち》を持った牛飼童はベテランのようであるが、髪を束ねた童姿で、水干、指貫を着て脛巾を付け草鞋をはき、牛の左側に沿って頸綱を左手でとって慎重に進めている。轅《ながえ》の両側には太平広の腰刀を帯し、烏帽子、水干姿の七人の車副たちが轅に手を添えて牛飼童に合わせながら車を遣っている。後方の鴟尾《とみのお》周辺には、下部六人が流人の様子をうかがいながら、四囲を警戒している。

流人が京外へ追放される場合は、東国へは粟田口で待機している領送使（流刑の罪人を配所に輸送する役人）が迎えた。ここへ到着すると、廷尉が持参した官符を流人に読み聞かせ、官符を領送使に手交するとともに、流人を引き渡す。検非違使一行の役目はここで終わって、引き返す。ここから伊豆までの遠路は、輿での旅になるのである。

『蜻蛉日記《かげろう》』

この作品は右大将藤原道綱母（実名不称）の著作で、天暦八年（九五四）から二一年間の夫兼家（太政大臣）との生活を描いた自伝的な日記である。牛車での物詣や沿道の風景、事象、旅程等に詳細な記述が含まれており、平安時代の交通慣行をさぐる作品として貴重である。

作品の記述内容から、作者の牛車使用の機会が予想される箇所を年表化したものが表8である。これを出行内容別にみると、寺社への物詣が一四、祭礼などの見物が九である。このときの交通手段については記述のない場合もあるが、ほとんどが牛車に乗ったと考えられる。この作品の重要部分である物詣の事例から、牛車使用に関する記述に注目して、その様相を次の四例から確認してみたい。

安和元年（九六九）九月の初瀬（奈良県桜井市）の長谷寺詣は、年来の宿願の筋があり、兼家には内証で忍んで出立した。この日は家から出発したのでは縁起の悪い日であったため、門出は法性寺《ほっしょうじ》のあたりにして、夜明前に出発した。当時は「方違え、物忌み、方塞り、月の障り」など縁起がよくないとされることは避けるのが慣例であった。「方違え」について、『広辞苑』には、「他出するとき、天一神《なかがみ》のいるという方向は避けること。行くべき所が、この方向に当たれば、前夜吉方《えほう》の家に一泊して方角をかえて行く」と説明している。陰陽道の考え方が、日常生活に色濃く影響していたのである。

昼ごろ宇治に到着、川べりに車を止めて、「車の向きを変え、幕などを引きまわして、車のうしろに乗っている人だけおろして、車を川の方に向けて、簾を巻き上げて見ると」、川には網代（竹や木を編んで川の瀬に立て、その端に簀《す》をつけて魚を取る仕掛け）の舟が行き交うのが見えて趣があった。

表８ 「蜻蛉日記・道綱の母」の物詣等一覧（文献３章45）

年 代（西暦）	月	年齢	事 項
応和 3（963）	—	28	物怪の加持のため兼家とともに山籠
〃	4	〃	御禊見物．宮様と同車
康保 3（966）	4	31	賀茂祭見物．時姫と連歌
〃	9	〃	稲荷神社・賀茂神社参詣
安和元（968）	9	33	初瀬詣
〃	10	〃	御禊見物
元禄元（970）	6	35	唐崎へ祓いに行く
〃	7	〃	石山詣
〃	10	〃	大嘗会の御禊見物
元禄 2（971）	6	36	鳴滝の山寺参籠．道綱と
〃	7	〃	初瀬詣．父一行と
元禄 3（972）	閏2	37	賀茂神社参詣
〃	3	〃	石清水祭見物．還立祭も
〃	4	〃	御禊見物・賀茂神社参詣
〃	10	〃	山寺参詣．紅葉見物
天延元（973）	3	38	石清水祭見物．（3日後）賀茂神社参詣
天延 2（974）	2	39	養女と山寺参詣
〃	5	〃	神社参詣．同居の人と
〃	10	〃	賀茂祭見物

最初の休憩地に到着し、車を眺めのよい場所に止め、車内からあたりをゆっくりと鑑賞するまでの具体的な動作が描写されていて興味深い。

昼食後、「車を舟にかつぎ乗せて、川を渡り進む」とあり、橋がなく宇治川は渡し舟なので、重い車を、みんなでかついで舟に積んだのである。この部分の帰路の記述には、「車を舟にかつぎ入れて据え、大きな掛け声をあげて棹をさしさし、向こう岸へ渡って行った。それほど高貴な身分ではないが、決して卑しくない良家の若君たちや、役所の三等官などという人たちが、車の轅《ながえ》や鴟尾《とみのお》の間にぎっしり入って渡って行く」とあり、一艘の舟に車と人がぎっしり詰まって渡河している。そして、着岸したが、岸がひどく高い所に舟が着いたため、車を陸へ引き上げるのが大変だったようで、「ただもうがむしゃらにかつぎ上げる」とある。車での旅は、応援の多くの人たちで成り立っていることを実感する場面である。

そして、一日目は宇治の橘寺、二日目は椿市《つばいち》に宿泊、三日目に無事長谷寺に到着。御堂にこもっている間は眠ることもできず、また、忙しい難行《おつとめ》もないので、つくねんとして周囲を見ていると、大声でお祈りをしている人がいる。それを聞くにつけ、あわれで涙がこぼれるばかりであった。作者は、自分の身の上と重なるものを感じたのであろう。一泊して出立し、帰路は兼家の出迎えもうけて、にぎやかな旅となって、四日目に帰着している。

天禄元年（九七〇）六月、作者はどうしようもなくやりきれない気持ちを晴らしたくて、琵琶湖西岸の唐崎（滋賀県大津市）へ祓いに出かけた。行装は堂々たるもので、騎馬の従者七、八人に警固され、妹、侍女、作者の三人が同乗し、供を従えて、夜明け前に出立した。逢坂関に着き、しばらく車を止めて、牛に飼料を与えたりしていると、材木を積んだ荷車が何輛も連なって、ほの暗い木立の中に下りてくるのを見ると、滅入っている気分が一掃されるようであった。

大津を過ぎて、正午近くになったので、清水の手前の大きな木が一本立っている蔭に、車を止め、馬を湖畔に引いて行って脚を冷やしたりした。しばらくして、折り詰め弁当が届いたので、みなに分配して食べることにした。そして、車に牛をつけて出発して、やがて、唐崎に到着した。お祓い所は大変狭い岬で、轅《ながえ》の下の方は波打ち際すれすれに車を止めた。車のうしろに乗っている人は、落ちてしまいそうなほど身を乗り出してのぞき込み、見たこともない貝などを拾い上げて騒いでいる。若い者たちも、少し離れた所にずらりと座って、例の神楽《かぐら》声を張り上げて歌っている。目的地に無事着いた安堵感と琵琶湖岸の広々とした風景が、旅の楽しさをかもし出した一時であった。

午後四時近くに、お祓いが終わったので帰途についた。途中、速い流れの湧水で有名な「走り井」で休憩した。従者のなかには馬に鞭《むち》打って先駆けして、ゆっくり涼を取る者もあった。作者が到着すると、従者たちは清水の近くに車を寄せ、街道から奥まった所に、幕などを引きめぐらして休憩場所を設営した。みんな車から降りて、清水に手足を浸していると、つらい思いなどすっかり晴れていくように思われた。去りがたい気持ちであったが、日が暮れるので仕方なく出立した。

栗田山で、京から松明を持ち、兼家が邸を来訪したとの最新情報を携えた迎えの者が待っていた。そして暗くなりかけた道を照らしながら、無事帰着したのである。

唐崎の旅から約一ヵ月後の七月二〇日ころ、石山詣に出かけた。夫兼家への不満、他の妻たちへの嫉妬などで身の憂さを歎いてばかりの日々なので、これを解決するきっかけとして物詣を決行したのである。忍びで、しかも徒《かち》詣で、夜の明ける前に走るようにして出立した。栗田山まできて、とても苦しいのでひと休み。山科で夜明けとなり、走り井で、幕を引きめぐらして弁当を食べていると、大声で先払いする集団がやってくる。騎馬の大勢の者たちと車が二、三輛続いており、若狭守の一行であるとわかる。この一行の下人たちは、「引きめぐらしたわたしたちの幕のそばに寄ってきては、水浴びなどして騒いでいる。その振舞いの無礼なことといったらたとえようがない」。受領層の旅の様子がうかがえておもしろい。

一行をようやくやりすごして出立する。逢坂の関を何とか越え、打出の浜に死にそうなくらいに疲れ果てて到着した。

日ごろの出行は、ほとんど車である作者が、今回はあえて功徳の大きいことが期待できる「徒詣」を選択した。自分の足で苦労して歩くことが必要と判断して、相当難儀な旅になることを承知で出立したのである。気力は充実していて当初は早足であったが、打出の浜へ着くころは、倒れる寸前であったに違いない。ここからは、強い陽射しをさえぎる菰で葺いた屋形付の舟に乗って、石山寺に向かい、夕方到着している。寺では斎屋の敷物の上で横になってゆっくり休み、御堂での謹行《ごんぎょう》にのぞんだ。三日目の朝、供人二〇人ほどと舟に乗って帰路についた。打出の浜に着いてみると、家に残してきた男たちが、迎えの車を引いて待機していた。京に帰り着いたのは、翌日の朝一〇時ごろであった。

天禄二年（九七一）六月、兼家へのあてつけの逃避行のようなかっこうで、鳴滝の般若寺（京都市右京区）へ長期参籠を思いたつ。兼家の物忌の終わらぬうちにと四日に出立。供人三人ほどが車に付き添う忍びの通行であった。子の道綱（一七歳）は父へ参籠した旨の手紙を届けた後、山寺へ入った。夜一〇時すぎ、松明をともして兼家の車がやってきた。道綱が総門へ迎えに出ると、「お迎えにまいったのだが、今日まで物忌中で穢れがあるので、車から降りることはできない。どこへ車を寄せたらよいだろうか」という。作者が、「どうしても帰るわけにはまいりません」というと、兼家は、「いや、もうよい。穢れの時だから、とどまることはできない。しかたがない。車に牛を掛けよ」と帰りかけた。両者の取次ぎ役をしていた道綱は、「父上をお送りします。車に同乗して帰ります。もう二度とこちらにはまいりません」といって泣きながら出て行った。一行が帰った後、道綱は戻ってきて、「御本邸までお送りしようとしたのですが、『そなたは呼んだ時に来ればよい』とて、行っておしまいになりました」といって、しくしく泣く。「あなたのことは、お父上がお見捨てになることはないでしょう」といってなぐさめた。翌朝、「昔のこと（応和三年〈九六三〉にこの山寺にともに山籠したこと）が思い出されて、懐かしうございました。すぐに帰るつもりでございます」と手紙をしたためて道綱に持たせた。

その後、叔母、妹、父の訪問、兼家からの使者、遠縁の人たちなどの見舞客が続いたが、退去する動きはなく一ヵ月近くが過ぎた。

突然に先払いも騒々しくやって来る者がある。「あの人であるらしいと思うと気も動転してしまう。今度は何はばかることなく、ずかずかと入って来た。わたしは困って、几帳《きちょう》だけを引き寄せ、体を少し隠すようにしたけれど、なんの役にも立たない」。

兼家が道綱に、「母上が下山するもしないも、お前の気持ち次第だ。母上が山をお下りになった方がよいと思えば車を呼びなさい」といい終わらないうちに、道綱は立ち上がって走り回り、散らばっている身の回りの物などを取り集めて、包んだり袋に入れたりして、車にみな積み込ませた。さらに、室内の間仕切りに張りめぐらした幕なども はずし、几帳や屏風なども取り払った。

作者はまったく言葉が出てこず、ただ涙だけが浮かんできた。それをこらえているうちに、道綱が車を呼んでから大分時間が経ってしまった。ところが作者は素知らぬ顔で動こうとしないので、兼家は、「よしよし、わたしは帰ろう。あとはお前に任す」といって出ていった。すると、道綱は、「早く、早く」といって「わたしの手を取り、今にも泣き出しそうである。そこで、わたしも仕方なく出て行くことにした。このときの気持ちといったら、まるで夢のようである」。

大門から車を引き出すと、兼家も乗り込んできて、冗談をずいぶんふりまくが、作者は夢路をたどるような気持ちで、ものもいえない。妹も同じ車に乗っていたので、ときどき受け答えをしている。家に帰り着くと、夜も一〇時ころになっていた。昼間、来訪を知らせてくれた人々が、気を使って家の中の掃除をし、門も開けていたので、そのまま中へ入り、茫然とした気持ちのまま車を降りた。

●車使用
兼家の急病
三月のころ、作者の家に来ているときに、兼家が急に苦しみ出した。大変な苦しみようで、作者はなすすべもなくおろおろして、見守るばかりであった。すると兼家は、「あなたの所にいると、何かと都合が悪いだろうから、邸に帰ろうと思う」といって、別れをおしみながら車を寄せさせる。端近くから車に乗ろうとして、抱き起こされ、介添えの人にすがってやっと乗り込んだ。こちらを振り返り、じっとわたしを見つめて、いかにもつらそうな様子である。同居している兄が、「どうしてそんなにお泣きになるのです。特にどうということもありますまい。早くお乗り遊ばしませ」といって自分も同乗し、兼家を抱きかかえて本邸に向かう。

家にいて、病状を思いやる気持ちは、ほかにたとえようもなくつらい。一日に二度、三度と見舞いの手紙をやった。読経や加持祈禱などをして、一〇日余で少しよくなったということなので、迎えの車を依頼して見舞に出かけた。女性が男性の邸を訪問するのは、はばかられることなので、暗くなってから出発した。そして、邸に着いたときも人目についてはいけないと、火も消させて車から降りたので、あたりは真っ暗で、入り口もわからず戸惑っていると、声をかけて手を取って案内してもらえた。母屋から離れた渡殿に、兼家は横になって待っていた。回復してきたが、まだ精進落としの魚なども食べず、今夜一緒に食べようと思ってと、膳を運ばせた。人目につかぬ暗いうちに帰ろうと思っていたのに、昼になってしまった。兼家は、「あなたの帰るのと、一緒に行こう。もう一度くるのはいやだろうから」というので、「このように参上したことさえ、気にしておりますのに、あなたをお迎えに伺ったように受け取られたら、それこそほんとうにいやですわ」というと、「では仕方ない。男ども、車を寄せよ」と命じて、作者が乗り込む所まで、いかにもやっとという様子で歩いてきた。車を外に引き出して、牛を車の轅《ながえ》につけているとき、作者が車の内から簾ごしに見ていると、兼家は部屋に戻って作者のほうを眺め、さみしそうにしていた。その様子を見ながら、車は次第に外に引き出されていくと、思わず知らずうしろばかり振り返るのであった。

急病人を介添えしながら搬送する乗用具として、牛車が最適であることを如実に語っている事例として興味深いものがある。

近火からの避難

作者が知り合いの人と清水寺詣に行っている途中で、わが家の方角が火事であることがわかった。うわさでは隣の「長官殿《こうのとの》」の邸であるという。驚いて、一刻も早く帰りたいと動転して、それこそ車の簾をかける暇さえなかった。やっとの思いで車に乗って帰り着いたときには鎮火していた。家には、道綱や養女たちがいたが、まだ一八歳、一三歳の若い人たちなので、裸足で逃げまどっているのではないかと案じていたが、聞くと、娘を車に乗せて、家財を搬出し、門をしっかり閉めて避難したという。このため下人の乱入などの狼藉沙汰もなかった。道綱も男として、よく取りしきってくれたことよと胸が熱くなった。

この話で印象的なのは、一刻を争うときに「車の簾をかける暇さえない」という表現を使うことと、火事などの避難には車は人と重要家財を一緒に積み込んで移動できる道具として便利なものであったことがわかる。車がそれほど多くない平安京の街路ではうまく機能したに違いない。

道綱、大和だつ人に和歌をおくる

知人に誘われて賀茂祭の帰《かえ》さに車で行った帰り、紫野の知足院あたりを、道綱が車でついてきた。

そのとき、かなりの者と見える女車のあとに続くことになったので、道綱が遅れないようにその車を追っていくと、家を知られまいとしたのか、すばやく行方をくらましてしまった。これを道綱は追いかけて、まず家を尋ねあてた。次の日、「思いひそめものをこそ思へ　今日よりはあふひはるかになりやしぬらむ」（あなたを思い始めて、思い悩んでいます。「逢《あ》ふ日」にゆかりの葵祭の終った今日からは、またお逢いできる日も、ずっと先になってしまうのでしょうか）と書いて届けた。返事がきたが、「まったく心当たりがありません」というそっけないものであった。道綱はあきらめないで、さらに和歌を送るが、月末になっても音沙汰はなく、進展はのぞめなかった。

母の知人と同行中でも、「かなりの者と見える女車」を見つけると、積極的に行動してきっかけづくりを試みるところがおもしろい。道綱は一八歳の好青年で多感な若者であった。車立の行装、車のつくり、出衣《いだしぎぬ》などから見て、教養ある女性が乗っているに違いないと期待したのであろう。後を追って行って邸をつきとめて、翌日にまず和歌を届けている。平安時代の慣行がわかる興味ある場面である。

この日記には『枕草子』のように、牛車や牛飼童に対する評価はなされていないが、車使用の具体的描写が何ヵ所か出てくる。車の用語は五五ヵ所、車使用の場面は二七を確認できる。ここでは平安時代の車使用慣行が、いくつか読み取れて興味深かった。

日記の作者の夫は太政大臣まで昇りつめた高官・兼家であるので、経済的には潤沢で自家用の牛車を必要に応じて仕立てることができた。作者の車使用は物詣と祭見物が中心であるが、これ以外には急病人の搬送、火事避難、山寺からの強制退去などがあり、車が役立つ場合である。また、子の道綱が女車を追いかけて邸宅をつきとめ、和歌の贈答をする場面もあり、牛車がさまざまな可能性を持った乗用具であることがわかる。

また、車行が心を痛めた場合として「前渡り」がある。正月なので、夫が来てくれるのかと期待して待つが、夫の行列である大声の先払と牛車のきしむ音が門の前の街道でしているのに、妻の家は素通りしてしまう。家でひたすら待ち続ける妻にとってはつらい日々であったに違いない。一夫多妻制が一般的な時代であり、兼家も生涯に九人の妻を持ったという豪放磊落な人物であったから、待つ妻の心はおだやかでない日々が多かったと推察される。

ほとんど歩くことのない作者が、一回だけ歩いて石山詣へ出発している。心配していた通り「死にそうなくらいに疲れ果てて」打出の浜に何とかたどりついている。「徒詣《かち》」は功徳が多いからと信じての出立であったが、大変な苦労をしつつも、何とか所期の目的を達して、帰路は迎えの車で無事帰っている。やりぬいたという満足感が残ったのも車の助けが一部であったからである。

車は便利で人の助けになるが、これを仕立てて運行するには、多くの人たちの協力と施設が必要である。牛車は運行の組織と財政的裏づけが確保されている上位身分の人たちだけが乗用できる乗り物であった。だから、車での出行は、乗っている人の身分、財力ばかりでなく生活環境や人間関係まで照らしだす乗り物ともいえるのである。

『枕草子』

●牛車への眼差し

平安時代の絵巻や王朝文学には牛車の描写が数多く登場する。この中でも『枕草子』には、牛車に関する具体的描写やとらえ方が随所に綴られている。これらの中から主なものを引用しながら、牛車の様相に迫ってみたい。

牛車が代表的交通手段として盛行した平安時代は、約四〇〇年と長く続き、平安京を中心に王朝文化が花開いた。牛車は身分の高い貴族たちの乗用具であり、その造りによって階層がわかる視覚指標になっていた。清少納言は牛車について、「檳榔毛は、のどかにやりたる。急ぎたるはわろく見ゆ」とし、高位顕官の晴《はれ》のとき使う高級車である檳榔毛の車は、多くの供奉を従えてゆっくりと堂々と行くのがふさわしく、急ぐのはみっともなく見えると記している。平安時代は「ゆっくり行く」ことが品よく、せかせかと急ぐのははしたなかったのである。しかし一方では、網代車は「走るのがよい」とし、ゆっくり行くのはみっともないという。これを常用する四、五位以下の貴族たちは、用務に精励するため、急いで行くことが多かったのであろう。網代車は小型で機敏に動くのがふさわしく、檳榔毛車のようにゆっくりなのはみっともないというのである。当時の牛車の種類は多様であり、身分にふさわしいものを乗用していたのであるが、高級車の檳榔毛車と普通車の網代車の二つを象徴的にとらえて、自分なりの評価を下しているところがおもしろい。

街路を行く車列で、最も規模が大きい描写は、二六一段「関白殿、二月一日に」の法興院積善寺《ほこいんしゃくぜんじ》の一切経供養に向う中宮と関白の一行である。中宮様をはじめ関白様の北の方らが簾の中に立ち並んで御覧になっている前を女房たちは進み、車の左右に大納言伊周《これちか》様、三位中将隆家様が立って、簾を掲げ、垂絹を引き上げて女房たちをお乗せになる。一輛に四人ずつ、名簿の順に名前を呼び上げてお乗せになるので、皆に見られる所へ歩み出て「丸見え」である。中宮様が私のことを見辛いとお思いになることほど切ないことはない。車の近くに立派なすっきりしたお姿で、大納言様と中将様がにこにこしながら見ていらっしゃるのも、夢のようである。皆が乗り終えたので、車を引き出し、一条大路で榻《しじ》に轅《ながえ》をかけて物見車のように立てつらねているのは、目を見張る思いだ。

一行は女院様の御車を含めて一五輛。先頭は女院の唐車、続いて尼車が四輛、車の後部から水晶の数珠や薄墨色の裳《も》、袈裟、衣などが大変すばらしく見えて、簾は上げず、添え重ねた垂絹も薄紫で、裾を少し濃く染めてある。次は女房車一〇輛、桜襲《がさね》の唐衣に薄紫色の裳、紅の打衣をそろって着て、固織《かたおり》の表着などが大変優雅だ。

中宮様の葱花輦が出発すると、榻にかき下してあった轅をいっせいに牛にかけて、お輿のあとに続いた。中宮の女房らの車が二〇輛立てならべて行くのは、久しぶりの大行列であったに違いない。

この場面の描写を通して、気がついたことは、次の五点である。

①女房たちは、この日に備えて、服装、化粧などに気を使って万然を期していたが、明るい所で一人ずつ衆目にさらされることに格別の恥ずかしさを感じていたこと。

②乗車順は準備された名簿によって、順次呼ばれて四人ずつ同車した。

③女房たちの乗車時には二人の高位男性が車の乗車口で接待し、到着時も車脇で出迎えている。これはレディファーストの精神につながるものか。中宮・関白一統の親和の情を中宮・女院サロンの面々に示したものであろうか。

④女房たちは早目に準備完了し、中宮様が見えたら、直ちに出立できるように乗車して待機している。行列順は中宮の輿、女院の唐車、尼車、女房車であり、高位者が先の車順である。

平安京は東西四・五キロ、南北五・三キロの長方形で、南北に九条、東西に四坊が設けられ、条坊制による計画都市であった。人口は九世紀には一〇万人をこえ、首都として政治、経済、文化の中核であった。

街路は北辺の内裏正面から南辺の羅生門にのびる朱雀大路は幅八四メートルと広かった。大行、溝を除いた通路は二二・八メートル、両側には柳が植えられて風情があった。その他の大路は二四メートル、小路は一二メートルで、各「町」には三〜四メートルの小道が一〜三本あった。

街路遺構の調査によると、路面は石を敷いた所と敷かない所があった。石を敷いた路面では、直径一〜一〇センチの石と砂質土をまぜて、表面を固く締めた状態で、車の通行に対応していた。石を敷かない路面は泥質土に砂や小石をまぜているが、全体としては軟弱であった。平安京の街路は、幅員と路面の修築は整えられていた。こうした街路を牛車が通ると、車輪と路面が接して独特の音を発する。二メートル近い大車輪の車体に、四人を乗せて牛が牽《ひ》くのであるから、相当の重量である。これが路面の石などと磨擦して出る音は特別の響きがあり、屋敷の中にいてもはっきり聞こえたようである。同じような車の音でも、時節や聞く人の心持ちによって、受け取り方に微妙な違いが生じたという。「きしむ車の音」が好ましく聞こえる場合は、年賀に向かう正月の車の音、一月八日に叙位で加階にあずかって御礼に走る車などであり、「人の悦して走らす車の音、異《こと》に聞えてをかし」と述べて、祝賀や喜びの表徴としている。また、いやな音として聞こえる場合として、「にくきもの」の項では、「耳が聞こえないのだろうかと、にくらしく思う。自分が乗っている時には、その車の持主までがにくらしくなる」と記し、油が切れたのか、ぎしぎしという不快な音をふりまいて、車を乗りまわす者に対する騒音の迷惑さを指摘している。「わびしげに見ゆるもの」の段では、「きたならしい車に、やせた牛でぎしぎしと車体をゆらして行く者」をあげ、車の音とやせた牛を重ねて、わびしさの具体像を鮮明にしている。

牛車のきしむ音は、平安京の特色ある音色であった。正月のお祝い気分が満ちているときは、めでたさを増幅する音として聞こえた。しかし、普段は手入れが行き届かず、油切れてきしむ音や、車体がゆるんでぎしぎしと余分な雑音を発する車の音は、不快感を誘発して、「にくらし」や「わびしげ」という感情につながったことは、現代でもよく理解できることである。

平安京の郊外に出た場合は、周囲の景観との関係描写が多くなる。二〇七段「みるものは」では、「賀茂祭りの帰り、いつもの道は混雑するので、違う道を通ると、郊外のようで風情がある。卯木の垣根が荒っぽく、気味が悪いほど繫って道にはみ出している林など多いのに、花は十分咲かずつぼみがちに見えるのを折らせて、車の屋形のあちこちにさしているのも風流に思われる。とても狭く、通れそうもなく見える行く手を、車を近くやってみるとそうでもなくおもしろい」とあり、狭い道のうえに樹木がはみ出して、車が通りにくくなっている様子がうかがえる。郊外は牛車の通行が頻繁ではなかったからであろう。二〇八段「五月ばかりに山里にありく」では、「左右にある垣の枝などが車の屋形に入ってくるのを、急いで折り取ろうとするのだが、ふっと過ぎてしまうのは、くちおしい。車に押しひしがれたよもぎが、車輪が回るにつれて、すぐ近くにまであがってくるので、その香りがぷんと匂ってくるのもおもしろい」と、車のあまり通らない初夏の里道には、はみ出した枝や路端の草が繁っていることが、かえって風情に感じられて楽しさが増したのである。しかし、ところによっては、軟弱な地盤になっている路端の道もあり、三一六段「女房のまゐりまかでには」では、途中行合った女車が、道の深いくぼみに車輪を落し込んで、引き上げることができないで、その車の牛飼童が腹を立てているところを見て、自分の従者に言いつけて手伝わせたあと、女車の牛飼童を打ちこらしめて注意したというから、自分の従者や牛飼童にも厳しくマナーを教えていた姿勢がうかがえる。また、川と車との関係を見ると、浅い川は乗ったまま牽《ひ》き渡っている。二一七段では、「月のいと明きに、川を渡れば、牛の歩むままに水晶などの割れたるように、水の散りかかるこそをかしけれ」と、車上から川渡りのさまを見て、月明りに牛がはね上げた水滴が反射してきらめくさまを、高貴さの代名詞といわれる水晶に見たてているところが形容の妙である。深い淀川などでは、舟に車を乗せて渡っている。

牛車での運行は、徒歩とは違う高いところから周囲を眺めながら進むので、天候や気温が快適であれば、牛車内の空間は格別の雰囲気を味わうことができたといえる。

●牛車の使われ方

牛車の基本要素は、車体、牛、牛飼童、車副と乗客である。これらのそれぞれに注目して、牛車の利用についていくつかの見解をみてみたい。

一九一段「心にくきもの」で、「少し乗りならした牛車の、手入れの行き届いているのに、牛飼童がいかにもふさわしい身なりで、牛の威勢のいいのをその牛飼童が遅れるように、牛の綱に引っ張られて車を進めるのが奥ゆかしい」としている。よく手入れされた牛車と、ふさわしい身なりの牛飼童が牛に引っ張られてゆったり進むのは、いかにもバランスのとれた運行なのである。

一一五段「わびしげに見ゆるもの」では、「きたならしい車に、やせた牛でぎしぎしと車体をゆらして行く者」「雨の降らない日に、雨覆いの張莚を掛けた牛車」をあげている。手入れの行き届いていない車体や牛、天候にふさわしくない車装に厳しい目が注がれている。

牛については「額はいと小さく、白みたるが、腹の下、足、尾の筋などはやがて白き」と白っぽい牛を好んでいる。当時の最上の牛は「黄牛《あめうし》」とされ、飴色の大形の牛が尊ばれていたが、神馬のように神聖感の漂う白色系で額が小さいところが清少納言が高評価する美意識なのであろう。

牛飼童は「大きにて、髪あららかなるが、顔赤みて、かどかどしげなる」としており、大柄のがっちりした体格で髪が荒々しく、赤ら顔で、才気があるの四条件をあげており、全体として力強い男性で、獰猛《どうもう》性のある牛を制御できる風貌をあげている。また、車副、随身については、「細そりした従者、つやのいい沓をはいて、車の筒近くを走っているのは、心にくく見ゆ」とあり、細身で品のよい服装をした清楚な従者たちを望んでいる。そして、「前駆の前を払う声」がたとえようもなくよいと強調している。

●乗り心地

この時代の牛車は、路面の形状に応じて、上下動、ロール、ピッチなどの振動を吸収する機構は備えていないので、運行による揺れは車体に直接伝わることになる。このため、乗る人に相当の振動がくることは避けられない。とくに、大きな凹みや段差など急な変化があったときは、ショックを受けることがあったに違いない。

三段「正月一日は」では、「内裏の待賢門の敷居を通過するときに、車が大揺れして、乗っていた者同志、頭がぶつかり合い、飾り櫛も落ち、用心していないとそれも折れたりして、皆で大笑いするのも一興だ」として、車が揺れるのはあたりまえとして、大揺れでの騒動も「笑い」で解消している。

『今昔物語』では、車に初めて乗る武勇の男三人が、車の継続するひどい揺れに翻弄《ほんろう》されて、全員ひどい車酔いになった話があるが、平安京の街路は土砂と小石で固められた路面であったため、車の騒音と振動はつきものであった。

牛車の客室は畳二畳ほどで、ここに、四人乗るのであるから、それほどゆとりのある空間ではない。しかし、御縁のある人たちが同乗して移動するのであるから、風流をはじめ、格別の感慨が湧く格別の空間である。

「いみじう暑きころ」では、「それほどの身分でもない人も、後ろの簾を巻き上げて走らせて行くのは涼しげである。まして、琵琶をかき鳴らしたり、笛の音などが聞こえるのは、通り過ぎて行ってしまうのも残念だ」とか、「車に乗って行く人が、有明の風情に簾を上げて、『遊子なお残りの月に行く』という漢詩を美しい声で吟じているのもいいものだ」（一八六段）と述べている。

「十二月廿四日、宮の御仏名の」では、「雪景色の中を簾を高々と巻き上げて行くので、月の光が車の奥までさし込む。乗っている女性の衣装は月光にはえて美しく見え、かたわらの装束の男性が指貫の片方を牛車の仕切り板の上に踏み出しているところは、しゃれた恰好だ、月の光が明るすぎるのか、女が車の後ろの方へ引っ込むのを、男はそばに引き寄せ、『凛々として氷鋪《し》けり』という詩を吟誦しているのはとても風情がある。一晩中でも乗って回っていたいのに、目的地が近くなるのも残念」と牛車に同乗している男女のロマンチックな状景を描写しているが、作者の体験が混っているのであろうか。

牛車の客室は狭い空間で、通気性もそれほどよくないので、暑い季節には不快指数が高まることがある。二〇七段「祭のかへさ」では、「日光が暑く、牛車にさし込んでまぶしいので、扇で隠して座り直し、長い間祭の行列を待つのも苦しく、汗などもしたたるけれども、今日は朝早く出発して、知足院などの傍らに立ち並ぶ牛車の数々につけられた葵や桂も風になびいてすばらしい」と述べ、暑い中、汗を流しながらも、周辺の祭の風情をながめながら美々しい行列が来るのを待ちこがれる人々で満ちている。楽しみなものをひたすら待つときは、暑さも吹き飛ぶことは、同様の体験のある者にとっては理解できることである。

●物見出行

見るに値するすばらしいものは、「臨時の祭　行幸　祭のかへさ　御賀茂詣」と述べている。これに臨む姿勢や当日の情況について、「よろずのことよりも」（二二二段）で、いくつかの留意点をまとめている。その要点を列記すると、

①みすぼらしい車で、装束に構わず出かける人は、大変もどかしく感じる。賀茂の祭などは衆目にさらされるのだから見に行かない方がよい。私は賀茂祭の日のために、車の下簾もすっかり新しくして、これなら残念な気持ちを味わうことはないと思って出かける。ところが、自分よりもまさるものを見つけて落ちこむことがある。

②よい場所に車を立てようと、朝早く家を出たので、待つ時間がとても長く、車の中で座って簾を張ったり、立ち上がったりして、暑く、苦しく待ちくたびれている折に、殿上人らが車を牽き続けて、斎院の方から来るのは、行列が出発だとわかって嬉しいものだ。

③栈敷の近くに車を止めると、殿上人がものをいってきたり、あちこちの前駆の者たちに水飯をふ

るまうといって、声望のある子息に対しては殿上人の雑色などが桟敷から下りて馬の口を取るのがおもしろい。参集した人たちの間で、さまざまな交流がなされるが、世間に知られている人が注目され、そうでない人は見むきもされないのでかわいそうだ。

④斎院の輿が通ると、敬意を表して物見車の轅《ながえ》を榻《しじ》からおろし、通り過ぎるといっせいに轅を上げるのがおもしろい。

⑤車を止める場所もないくらい幾重にも止めているところへ、貴人の供人の車が牽き連ねて何輛も来るので、どこへ止めるのだろと見ているうちに、前駆の者が次々に止めている車を押しのけさせて、供人の乗る車まで並べて止めてしまうのは大変見事だ。追い出された車が、轅を牛にかけて止める所がある方へ車を揺らせながら行くのは、本当につらそうだ。気品のある車には、圧力を加えはしない。これは身勝手なものだと皮肉っている。

のようであり、平安時代の考え方や物見の様相がわかっておもしろい。

万然の準備をして出かけきたのに、自分の車よりすばらしい車装束を見掛けたときは、その人の趣味が自分より優れていることを知って、得意が失意に変わって、「何しに来たのだろう」と嘆くのは、次への成長の契機になるのであろう。

あとから来た身分の高い権力者が、先にいる車を追い立てる行為を「いとめでたけれ」と、そのやり方の見事さに注目している。ここは権柄ずくのやり方を全面的に容認しているのではなく、皮肉をこめた言い廻しをしていると考えたい。そして、移動して行く車に、「いとわびしけれ」と同情しているが、現実にはこうした車争いは起き、権力者の行為が容認される風潮があった。現代ではこうした行為は厳しく批判されるのであるが、平安時代には、身分の高さがものをいう側面が随所にあったことをうかがうことができる。

五月に、ほととぎすの声を尋ねに出掛けることになると、女房たちは私も私もとついてくる。朝、中宮職の役人に車の用意をたのみ、北の陣から車を呼び寄せて四人ばかりで乗って行く。道中、卯の花を手折りして、車の簾や脇のあちこちにさす。まるで卯の花の花垣を牛に掛けてあるように見える。「誰かに行き逢って、卯の花の様子を噂の種にしなくては」と思ったが、みすぼらしい法師や下衆に会うばかりであった。ほととぎすの声は聞いたものの、歌を詠じないで帰ったので、中宮が不機嫌であったというのが印象的である。清少納言は和歌への執着がそれほどでなかったのであろうか。

「小白河という所は」（三三段）について、大洋和俊氏が「枕草子の〈表現〉」と題して論じ、『枕草子』の言葉の構築に牛車をめぐる言説が深く関与している章段として注目している。

右大将藤原清時の山荘で小白河八講が寛和二年（九八六）六月一八日に催され、清少納言二一歳であったが、このときを回想したものである。仏に結ばれる法華八講の場で、牛車へのまなざし、牛車からのまなざしが、内容展開の中核になっている。この主要場面を要約すると、

①「いみじう目出たきことにて」「遅からん車などは立つべきようもなし」「轅《ながえ》の上にまたさし重ねて三つばかりまでは、少しものも聞ゆべし」の状況で、聴者が多く参集し、会場が混雑している。

②遅れてきた女車が立てる場所がなかったので池の近くに立ててあるのを義懐《よしちか》中納言が御覧になっつ

て、あいさつの使いを出した。時間をかけて使いは戻ったが、格別の返事はなかった。
③八講の高座開始。皆が講師の話に集中している間に、この女車はすでに見えず、この車は今日使い始めた新車に見えた。不完全な返事より、しない方が気のきいた対応だと思われる。
④清少納言が中途で「帰りたい」というと、幾重にも重なっているところを、自分の車を引き出して空けてくれる。中座する車をとやかくいう上達部もあるが、権中納言は「退くもよし」といって笑ってみえるのはすばらしい。
⑤八講に最初から終わりまで毎日立っている車があった。動かずに四日間過ごしたことになり、どういう人かが関心の的になった。これを聞いた藤大納言は、「何がすばらしいことがあろう。ひどく感じの悪い無気味の者だろうよ」とおっしゃったのはおもしろい。

序章はびっしり詰めて止まる車に、この八講への熱烈な期待が読み取れる。次には花山天皇の叔父として権力のある藤原義懐の動きに焦点を当て、注目した女車とのやりとりに展開する。しかし、女車の消失で次に移る。清少納言の車の中途退出で、衆目を集める。これとは対称的に初日から結願まで居続ける車には、「奥ゆかし」ではなく、「いとにくく、ゆゆしき者」としている。法華八講に参集した人々と牛車を叙述の核として、この章段は展開している。場面や言葉の構築に、牛車をめぐる情景が深く関連している。牛車は平安時代を象徴する文明の利器であり、これを使用できる人たちは、特別の身分、階級の高い人たちに限られていた。だから、多くの牛車が参集する場面は、世間の注目の的になったのであり、後になってからも印象的な思い出として残ったのであろう。

●清少納言の車観

牛車は平安時代を代表する乗用具であり、ステータスシンボルとして注目される存在であった。『枕草子』では三九の段に登場し、点景ばかりでなく、物語展開の中心にすえられる場面もいくつかある。そして、牛車運行の様相とともに、それらをどうとらえて評価しているかが随所に述べられているところがあって貴重である。牛車について、目に映り、心に感じたことをずばりと表現しているところが、他の作品には見られない特色である。

牛車は高位高官だけが、平安京とその周辺で使う特別の乗り物であった。清少納言が車行で特に「心が満たされる」としてあげた要件は、次の三つである。

①女房がいっぱい乗っている。
②車副の男が大勢ついている。
③牛飼童が、牛車を快適に走らせる。

つまり、にぎやかに快適に走行する牛車の様相を好ましく感じているのである。また、運行に伴う車輪と路面の接触で発する独特な摩擦音や車体が揺れる音には、「おもしろし」「をかし」のプラス評価がある。とくに、正月の車の音、徐目の御礼言上に向う車の音は、いつもと違って「格別におもしろい」と述べている。また、車で山里を散策したり、川を渡ったりする楽しみ、車装をこらして祭見物に出るおもしろさなど、車に乗って移動することの「をかしさ」の事例をいくつかあげている。一方、これとは反転するマイナス評価の場合として、きしむ車の音を「にくらし」とし、「わびしげ」

できたならしい車にやせた牛をはじめ、「くちおし」「にくし」「心もとなし」など負のイメージを誘引する事例をいくつかあげている。上品でステータスシンボルとして輝くべきものが、手入れが行き届かずうす汚れているのは、一層あわれであり、「にくらし」にまで落ち込む場合があることを指摘している。同じ車の音を見聞きしても、その姿や見る人の心持ちで評価が大きく分かれることは現在でもよくあることである。

清少納言は、牛車を王朝文化を支える核となる乗用具として位置づけ、これがかもし出す情景を多面的に連想して考察し、随想の中へ積極的に取り入れている。これらは、作者の知性、感性、徳性等の価値観に基づく判断であるが、当時の才媛の見解として注目すべき諸点がいくつかある。平安時代における牛車使用の具体的場面を理解する有力な資料として大いに活用することができた。

『源氏物語』

これは紫式部による平安中期の長編小説で、世界的に有名である。主人公光源氏を中心に藤壺、紫の上などの才媛を配して、華やかな宮廷生活を全五四帖に描いている。牛車は四〇ヵ所以上で登場し、邸宅訪問、寺社参詣、祭見物、葬送、宮中出退など人々の移動場面でよく利用されている。使用者は皇族、貴族、高級官吏、女房など高位高官の人たちに限られている。物語の場面描写を通じて、牛車使用の具体的様相をうかがうことができる。特徴的な内容を列記すると、

①除目《じもく》（諸司の主典《さかん》以上の官を任ずる儀式を清涼殿で挙行）のころは、権力者邸の門前が、車や馬で

たてこむ。
②高貴な人と出会ったときは、車を寄せて待機する。
③明石のもとへは、車は大げさなので、馬で行く。
④車内に、小道具や本などを、袋に入れて持ち込む。
⑤遠距離を行くときは、掛け替用の牛を準備する。
⑥女車をよそおって、人目にたたぬよう忍んで行く。
⑦北の陣へ、車を要請する。
⑧牛車は五種類、三二輌をつらねて出発した。
⑨訪問者が来ないかと、街路を行く車をのぞき見する。
⑩母が娘・更衣の葬儀へ車で行く。女房の車も野辺送りへ。
⑪火葬をして車を捨てる。
⑫紫の上の車は、遠目にもわかる威勢がある。

など、さまざまな場面があって楽しみである。こうしたなかで、牛車が場面展開の中心となる「関屋」と「車争い」について、詳しくみてみたい。

●『源氏物語』関屋

紅葉が山々をいろどる九月下旬、空蝉《うつせみ》は夫の任国である常陸国（茨城県）での任期を終えての帰京

図28　「関屋」(『源氏物語絵巻』より．文献 3 章56)

途中、逢坂の関(滋賀県と京都府の境)にさしかかったとき、偶然、石山寺に詣でる光源氏の一行に出会う。空蟬は光源氏が一七歳のとき一度だけ逢瀬の縁があり、思い出の人との邂逅であった。

源氏の側はおびただしい人数の馬と牛車の一行ということなので、常陸介の一行は関山でみな車を降りて、街道脇のここかしこの木の下に数々の車を引き入れて、木蔭に隠れるようにして行列をお通ししたのである。

画面は逢坂の関に続く山々を三重に仕切り、山間を街道が曲折している。左手は常陸介一行が進んできた大津の打出の浜、右手は源氏の一行が京からやってきたところで、清水のせせらぎに洗堰を入れて歌絵としている。図では、山裾で源氏の君の前駆に出会った常陸介の牛車が大きく描かれている。この牛車は、八葉紋を散らした網代の八葉車である。牛は淡墨の鼠毛で赤の鞦《しりがい》をかけ、牛飼童が遣っている。車脇の従者は立烏帽子、狩衣姿で前に四人、後に弓を持った二人が従っている。その後方には、遅らした牛車、馬上の常陸介、下人が続いている。

右手の二騎は源氏の前駆で、間をおいて騎馬の随身と従者三人、そして斜め後方の山間に源氏の牛車の一部が見える。牛は黒牛で赤の鞦《しりがい》をかけており、牛車は八葉である。『源氏物語』では、「車十《とお》ばかりぞ。袖口、物の色あひなども漏り出て見えたる」とあり、関山附近の源氏一行の車だけで一〇輛あり、その前後にはまだ車があることから、相当に大規模な行列であり、斎宮の御下向での物見車を思い出すほどだと述べている。そして、この一行の旅装束は、「色とりどりの狩衣、それぞれにふさわしい刺繍や絞り染をほどこした有様、下簾から袖口や襲《かさね》の色合いなどがこぼれて出ているあでやかさ」などで、みながこれらの女車に注目していると記述している。

光源氏は車の簾をおろしたまま、右衛門佐《すけ》を呼び寄せて、「今日わたしが関までお迎えに出たことをいいかげんにはお思い捨てになれまい」と伝言させた。空蟬は昔のことを忘れずにいるので、そのころを思い返して、次の歌を返している。

行くと来《く》と　せきとめがたき涙をや　絶えぬ清水と人は見るらん
(行きも帰りも、せきとめかねる私の涙を、絶えず湧き出る関の清水と君はごらんになるでしょうか)

そして、「この気持ちを殿はお分りになるまい、と思うと誠にその嘆きもかいのないことである」

とこの段を結んでいる。
この図は数ある源氏物語絵詞のなかで、自然景観を描写する唯一の山水画で、多様な人物を多く描くとともに、牛車、牛、馬などを配置しており、平安時代の情景を考察できる注目すべき作品である。

●車争い

牛車の通行の先後や車を止める場所をめぐっての争いのことである。牛車は高貴な身分の人が乗用する特別な乗り物であるため、この運行には身分の構成がともなっていた、地位にふさわしい供立てと車装に工夫をほどこし、万全を期して出向するのである。だから、車争いを引き起こして、プライドを傷つけられた場合は大変な屈辱となり、牛車の損傷ばかりでなく、主人や従者の心痛に及ぶこともあった。

『少右記』の寛弘二年（一〇〇五）四月二四条には、藤原高遠《たかとお》の大宰大弐（大宰府の次官）への赴任に際して「両妻車論ず、前の典侍大いに怒り留む」とあり、妻同志の車による争いがみえる。『沙石集』巻一〇第八話に、金剛王院僧正実賢《じっけん》と御室《おむろ》（仁和寺の道助法親王・後鳥羽天皇の皇子）の牛飼たちが、「車立論じて、御室の御車を散々としたりける」とあり、近くにいた侍坊官も牛飼童を制止しかねるほどの激しさであったという。

車争いで多いのは、賀茂祭などの行列見物をめぐる事例である。あらかじめ場所をとる手段としては、杭を打ったり（『落窪物語』巻二）、空の車を並べ置いたり（『十訓抄』巻一第二七話）、札を立てたり（『今昔物語集』巻三一第五話、『十訓抄』巻一第二八話）するものがある。車争いの場面を詳細に記述している三例についてみてみたい。まず、『落窪物語』巻二の「清水詣での車争い」では、「中納言は、三、四の君、北の方などと車一輛に相乗りしてお忍びで出立し、清水の坂をゆっくりと登っていた。折しも二条邸の方でも三位《さんみ》中将の北の方が夫君とともに後を追ってきた。先払いをし、前駆をはじめ供人も大勢で、車をつらねて威勢がよい。前の中納言の車は、人がたくさん乗っており、坂を登る牛が苦しそうで、とかく止まってばかりいる。後続の中将方の車の列は、行く先を妨げられるので、雑色たちはぶつぶつと小言をいう。中将は供人に、『前を行く車に〈早くやれ〉と言え。それができなければ、車を傍にどけてしまえ』とおっしゃった。しかし、中納言側はなおも車を先立って走らせようとするので、中将の供人は『車を傍らにどけないのはどうしてだ』と小石を投げつけるとともに、中納言方の車の片側に集まって、車を道の傍らに押し退《の》けて、中将方の車を先に立てた。みると、中納言の車の片方の車輪が深い溝に落ちている。これは大変と大騒ぎをしていろいろ動かしているうちに、車輪の一部が折れたので、縄を探してきてくくりつけるなどの応急修理を施し、やっとのことで坂を登っていく。中将方は前駆の者をはじめ供人もたいへん多くて、中納言の方は敵対することもできず、文句も表だっていえず、乗っている北の方をはじめ皆がいまいましく当惑して、手をもんで訝《いぶか》しがられた」と展開している。

また、「賀茂祭での車争い」では、「中納言衛門督《えもんのかう》は一条大路に杭を打たせて物見の場所を確保し、車五輛に女房二〇人、二輛に女童と下支え八人をはじめ計二〇輛以上と大勢のお供を連れてしるしの

図 29　狩野山楽（伝）「車争図屏風」部分（重文．東京国立博物館所蔵．Image: TNM Image Archives）

杭を打った場所に立ち並んだ。この向かいをみると、源中納言の檳榔車と網代車が一輌ずつ止まっている。衛門督は『みなで親しく話ができるように並べ合せて止め、見渡せるように対して道の両側に南北に並べなさい』とおっしゃるので、供人たちが『こちらの車を止めさせるので、少し引き退かせてほしい』と申し入れても相手方は応じない。『〈こちらの打杭のある所〉と見ながら止めているので、少し退けさせなさい』と衛門督が指示したので、雑色たちが相手の車に手をかけると、車の従者が出てきて、『どうして、お前さんたちは、そんなことをするのか。一条大路をみな所領なさろうとするのか。無法で無茶だ』などといって、車を退《の》けようとしないため、衛門督は左衛門蔵人に、『あの車を取りさばいて、少し遠くへやりなさい』とおっしゃるので、お付きの人々は無理やり引き退かせはじめた。相手の供人たちは数が少なく、引きとめることができない。源中納言方は『つまらないことで、外出先で喧嘩してもいけない』といって、よその家の門に入って車を止めた。するとこれを見ていた愚か者の翁・典薬助《てんやくのすけ》は歩いて出かけて行って、『打杭の側に車を止めたのだったら、あのようになさってもいいのでしょうが、向い側に止めた車をこんなふうにするのはなぜでしょうか。後々のことを考えておやりなさい。今度仕返しをいたしますよ』というので、衛門督は惟成《これなり》に復讐を暗示して、これを雑色たちに目くばせした。雑色たちは典薬助の傍らに走り寄って、長扇で冠をたたき落した。見ると、髪はほんの少しで、額ははげ上がってつるつると見えるので、見物人にどっと笑われた。雑色はさらにみんなで一足ずつ蹴ったり、踏みつけたりしたので、典薬助は息の音も止まるほどであった。ぐったりしたのを車に乗せて轅《ながえ》を押しやるので、源中納言の供人たちも震えあがって、その車に寄りつかず遠巻きにしている。さらに、雑色たちはほかの小路に引きずり込んで、道の真中に放り出して行ってしまった時に、ようやくその供人たちは車に寄ってきて、轅を持ち上げた様子はひどく体裁が悪い」と、車争いと典薬助に対する徹底的な打擲《ちょうちゃく》の場面が克明に描かれている。さらに、源中納言らの車は、喧嘩していた時に、床縛りの綱をぶつぶつと切られていたため、帰ろうとして牛をつないで牽き出したところ、車箱が車体から離れて大路の真ん中で、ぱたりと落ちてしまい、乗っている人は大変なショックであった。この影響で女君の心痛と父中納言の悲嘆が深まり、出家まで考える展開となっている。車争いをきっかけとして、これにかかわる人たちの反応に注目すると、平安時代の社会と人間の心理の特色が底流にあって興味が尽きない。

車争いで最も有名なのは、『源氏物語』の葵巻である。これは新斎院の御禊《ごけい》行列を見物にきた六条御息所の車が、葵の上の一行と車争いになり、従者によって後に押しやられ、榻《しじ》を折られる屈辱を受ける話である。この場面は、狩野山楽（伝）『車争図屏風』（一〇九頁図29）に代表されるように、「車争い」という用語が広く知られるきっかけになった。

六条御息所は大臣の姫として高貴な家に生まれ、一六歳で皇太子妃となり、姫君を出生するも二〇歳で夫と死別。その後、光源氏の妻となったが、自意識が高く息苦しさを感じた光源氏の訪問は途絶えがちになっていく。今度の御禊行列に光源氏が供奉することを聞き、晴姿を一目見ようと忍んで出かけた。光源氏の正妻である懐妊中の葵の上も、夫の晴姿を確認しようと、少し遅れて大挙してやってきた。『源氏物語』葵巻のなかで牛車に係る部分を中心に現代訳で抜き書きしてみたい。

御禊の日は、上達部などもきまった人数で供奉申し上げることになっているけれども、特に人望が厚く、容姿の立派な方々ばかりを選んで、下襲《したかさね》の色合い、表袴の模様、それに馬や鞍までみな立派に整えていたが、特別の仰せがあって大将の君〔光源氏〕もご奉仕なさる。そんなわけで、物見車で見物の人々は、かねてからその支度に気を配っていたのだった。一条大路は立錐《りっすい》の余地もなく、恐ろしいほどに雑踏している。あちらこちらの方々の御桟敷は、思い思いに趣向の限りをこらした飾りつけや、女房の出衣《いだしぎぬ》の袖口までもたいへんな見物《みもの》である。

賀茂神社の大祭は、荘重で盛大であって、付け加わることも多く、このうえない見物であることは現代にまで伝統となっている。今回は天皇の譲位があって、新しい斎院がお目見えするということで見栄えするように例年以上のことをしようとの意気込みがうかがわれる。見物する人たちも、衣服、調度、車装に工夫をこらすとともに、見物場所への関心が高まる。人々は桟敷、物見車、敷物に座る。築垣や木に登る。立見などさまざまな方法で鑑覧するのであるが、少しでもよい場所を得たいのは人情である。こうした人々の行列への期待の高まりと雑踏がうかがわれる。

葵の上の一行は、日が高くなって、支度もそう格式ばらぬ程度にしてお出かけになった。隙間もなく物見車が立ち並んでいるので、一行は美々しく列をなしたまま、立往生している。身分のある女房車がたくさん出ているので、その中で雑人どものいない場所を目あてにして、その辺の車をみな立ち退《の》かせていると、その中に網代車の少し古びているのが、下簾の様子なども風情《ふぜい》があって、車の主はずっと奥に引っ込んでいて、わずかに見える袖口、裳《も》の裾《すそ》、汗衫《かざみ》〔汗取りの単《ひとえ》の短い上衣〕など、それらの色合いもまことにきれいで、しかも特にお忍びの様子のはっきりわかる車が二輛ある。供人が、「これは、けっして、そんなふうに立ち退かせる車ではない」と強く言い張って、手を触れさせない。どちらの側にしても、若い連中が酔い過ぎて、わいわい騒いでいるとあっては、とても取り静められない。年長の分別あるお供の人々は、「そんな乱暴はするな」などといっているけれど、どうにも制しきれるものではない。〔中略〕とうとうお車の列を乗り入れてしまったので、御息所の車はおのずとお供の車の後ろに押しやられて、何も見えない。情けなさはもとよりとして、こうして人目を忍んで出てきたのをそれと知られてしまったのが、ひどく無念でたまらない。榻《しじ》などもすっかり押し折られて、轅《ながえ》もこれということもない車の轂《こしき》にうちかけてあるので、またとなく体裁がわるく、くやしくも何のために出てきたのかと思うが、今はどうなるものでもない。

御息所はあまりの無念さに、見物をやめて帰ろうかと考えたが、出る隙間もないのでそのままにしていると、行列が迫ってきた。左大臣家の車（葵の上）ははっきりわかるので、君は注視してお通りになるが、御息所は無視されて、このうえなくみじめであった。しかし、晴《はれ》の場で映える大将の君のお姿を見なかったら、やはり心残りであろうと納得するのである。

現在は行事管理者による予約制が徹底し、先着順の原則が社会通念として定着しており、身分による優越性は認められていないので、車争いは生じない。もし、身位が高い由をたてに、平安時代のような車争いが起こったとすれば、犯罪行為になることは必定である。

図30　葵祭の牛車（文献3章57）

賀茂祭（葵祭）

●行列の構成

古来から祭りといえば、葵祭のことをさしており、日本を代表する盛大な祭礼である。この祭りは京都の下鴨神社と上賀茂神社の祭りで、山城国開拓の功に感謝して、天皇が勅使を送って奉幣される祭礼である。これは和銅四年（七一一）から始まり、大同元年（八〇六）に官祭となり、以後応仁の乱（一四六七）の影響で中断した。そして、元禄七年（一六九四）に再興された。太平洋戦争で路頭の儀は中止されたが、昭和二八年に復活され、昭和三一年からは斎王代を中心とする女人行列も加えられることになった。

この祭の儀式は、勅使発遣の「宮中の儀」、京都市中を行列する「路頭の儀」、両神社での「社頭の儀」の三つである。現在、五月一五日の路頭の儀の行列は、京都御所を一〇時半に出発し、近衛使代を中心に、牛車、花傘、斎王代列など総勢五〇〇余名、列の長さは

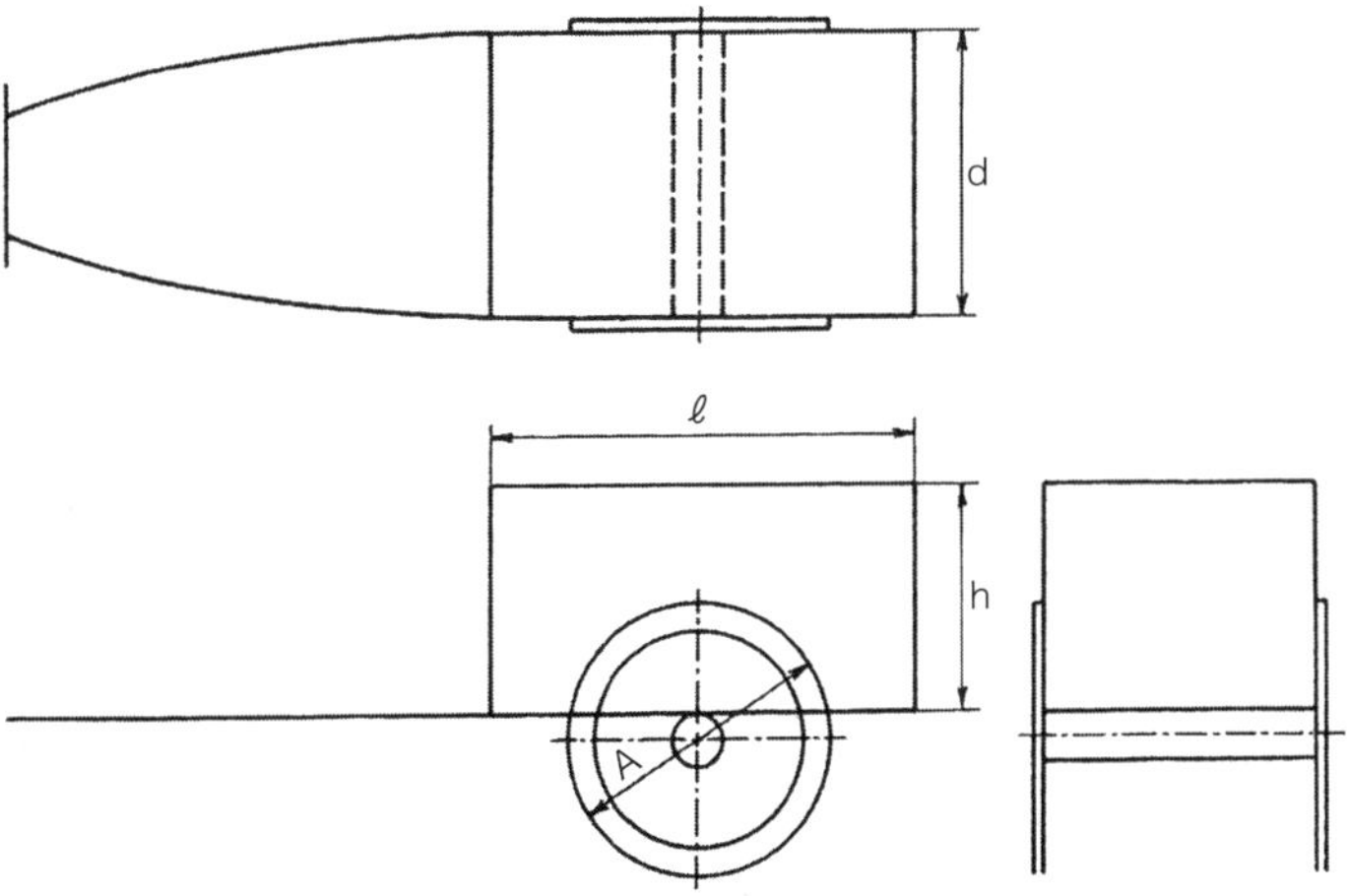

	小　車	大　車
ℓ	3,240mm	3,310mm
d	2,090mm	2,100mm
h	1,690mm	1,690mm
D＝d /ℓ	0.65	0.63
A	1,970mm	2,100mm
A /ℓ	0.61	0.63
輪の構成	28枚	32枚

輪の構成部材（小車）　28枚構成

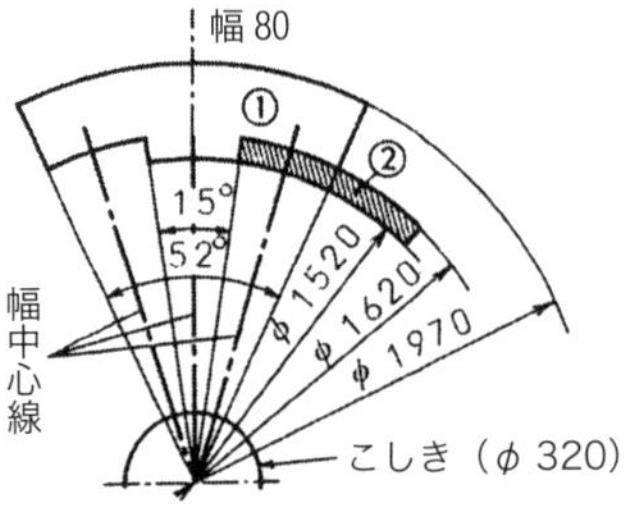

他資料との比較

	京都御所牛車 小　車	延喜内匠式 牛　車	輿車図考附面図		本　調　査 L–R の平均値
			唐　車	八葉車	
D	0.65	0.4	0.50	0.40	0.45
H	0.52	0.43	0.79	0.61	0.69
輪の構成	28枚	28枚	28枚	28枚	

図31　京都御所牛車の寸法と輪の構造（田中保「絵巻物のなかに描かれている牛車の表現」『名古屋大学自然科学・心理学紀要』28, 1984年より．文献２章５）

八〇〇メートルに及ぶ。午前中に下鴨神社で社頭の儀が挙行され、午後再び行粧を整えて上賀茂神社に向かう。

行列の構成をみると、

①先導騎馬
②検非違使庁の警衛の役人列
③山城使
④賀茂両神社へ納める御幣櫃と内蔵寮《くらりょう》官人
⑤走馬・馬寮の官人列
⑥勅使の御所車、舞人、陪従《べいじゅう》の列
⑦勅使の御祭文を捧持する内蔵使の列
⑧斎王列の輿と牛車

の八つに大きく分けられる。先頭は二列六騎の乗尻《のりじり》の衛士である。次いで行列の警固に当たる検非違使庁の看督長《かどのつかさ》、志《さかん》、火長、如木《じょぼく》、白丁などの役人が弓矢、鉾《ほこ》、調度などを携えて大勢続く。次の山城使は所管する区域の責任者である国司である。そして、御幣櫃と馬寮の官人列が、この祭の象徴である華麗な飾りつけの御所車で行く。牛飼童が牛車の先頭に鞭《むち》をもって立つ。垂髪、淡紅色の狩衣で黄色の単《ひとえ》を着用した独特の童姿である。この牛車は俗に御所車といわれ、勅使乗用のものを、行列の行粧を立派にするために引き出された。現在の牛車は霊元天皇（一六六三〜八七）御代のもので、唐庇《からひさし》の網代の杏葉《ぎょうよう》車で、下簾を懸けず四位の殿上人の様式である。朝廷から勅使に賜ったものと伝えられる。牛車の軒や腰に杜若《かきつばた》、紅梅、白梅などで飾って風流を表すのが葵祭の特徴である。

車脇には烏帽子直垂を着た車方や白丁が付添い、後方に車の修理を司る大工職、雨具を持つ雨皮持と掛竿持、桟《はしだて》持と榻《しじ》持、それに替牛が続く。重量が二トンもある大型の御所車であるので、運行には万全の配慮がなされていることが読み取れる。

勅使は行列中の最高位で、四位の近衛中将が勤めていた。現在は宮内庁から旧公卿や華族の人がこの任に当たるという。束帯姿に飾太刀をさし、銀面、唐鞍の馬に乗って進む。最後の列は勅使の御祭文を奉持する内蔵寮の次官を護衛する陪従たちと風流傘が続いている。

斎王が紫野の斎院から列を整えて行われた行粧を参考にして、葵祭に導入したのが斎王代の女人行列である。男性ばかりの勅使の後に続く華麗な行列で、斎王に仕える高級女官である内侍、女別当、命婦が続き、選ばれた斎王代が輿に乗って行く。その後に騎女、雅楽を奏する陪従が進み、最終列に斎院の最も位の高い女房が乗る牛車が雅《みやび》な五衣《いつつぎぬ》裳唐衣《からぎぬ》の出衣《いだしぎぬ》を車から出している。また、牛車や傘には葵や桂のほかに桜と橘で飾って、風流を演出している。若葉かおる賀茂川堤などを車の音をきしませながらゆったりと進む行列は、優雅典麗であり、王朝時代の晴《はれ》の日をほうふつとさせる時代絵巻であり、葵祭ならではの雅《みやび》やかさである。

現代の行列と比較して、平安時代の様相を『山槐記』の治承三年（一一七九）四月二一日の条からみると次のようである。

①先頭は五二人の看督長が二列で進行
②検非違使一三人がそれぞれ桙《ほこ》を持った下部一人を従えて続く
③山城介（季隆）
④内蔵使（助倫仲）
⑤馬寮使、馬助車（唐草丸透之、長物見打立木地、牛黒斑〈鞭入蘂〉、牛童朽葉付唐草丸）
⑥東宮使車（透蝶手車文也。簾付洲濱、立松樹、鞭有蘂、院御牛、黒紫白打交遣縄、牛童地蔵丸、縹紅、打衣）
⑦中宮使車（透袖許葵藿等也。袖上寄子以紫縹白色有色紙形、簾不彩色、革押貝、有紫末濃総角幷蘂等、鞭有蘂、院御車牛、黒遣縄、牛童小三郎丸、朽葉、縫目押伏組、青打衣、白生単衣）
⑧近衛使車、車当色、皆用五節風流
網代　張赤地錦、上許也
色紙形　押色々錦、上許也
物見　以青玉石畳形貫懸之、但下方一尺之程巻上之
物見下　地展銀薄、其画牡丹唐草文、以紺青緑青燕子画纐纈文、以紺地地錦（亀甲文）、剱形押之、模几帳帷也
前袖　左方彫透殿上人立形、着直衣、右方彫透童女立形、着黄紅葉五
後袖　左方彫透下仕立形、着紅薄様五葡萄、唐衣、差透扇、右方彫透衛府蔵人立形、着青色袍

不帯剱
立板内　画唐絵、縁蒔之、摺貝
前簾　慣玉模御簾、右上方スチカエサマニ切之、左下方付高麗帖一枚、其縁蒔之、其上付東京
錦茵、五節所簀子之体也
後簾　貫玉模御簾、切右方有金銅帽額、有打出紅匂五
鞭　村濃（紫與青）、青蘂
牛　志本黄、院御牛
牛童　院御牛、童七郎丸、赤地襖、上以黄糸如抜布□□三□伏五節菓子折櫃蓋、幷其下童薄様
以　付之、出紅打衣、以紙薄押窠又、不懸葵、先年春宮大夫（兼雅□□使之□□）□□丸中
懸之由、餝ニ懸額、多□□□
典侍　伯入道顕廣王孫云々
出車衣　二色六、紅単衣、紅打衣、生青朽葉表着、生二藍唐衣、白腰、夏裳
命婦蔵人等出車衣思々云々

平安京の警護の中心である検非違使は、一三人と当時の定員の半数が行列に加わるという力の入れようであった。次に山城介、内蔵使が行き、以下に内廷宮司である馬寮使、東宮使、中宮使、近衛使が牛車に各種の陪従や付物などに風流をこらして進んでいる。東宮使の車は、後白河院御牛、中宮使の車も院から車と牛が提供されて、豪華な装束がほどこされ、車は風流な造りであった。中でも注目

の的である近衛使の車は部位ごとの記載も具体的で装飾や描かれた書画や文様も豪華であり、牛と牛童は後白河院の提供である。また、舞人の装束は関白基房が給しており、ときの権力者が葵祭の執行を積極的に支援していたことがわかる。

平安時代と現代の葵祭について比較すると、期日が四月の中酉の日から新暦で五月一五日に変わったこと、行列構成では検非違使、山城介、内蔵寮使、勅使は同質であるが、東宮使と中宮使は勅使に統合され、女使は斎王列に変化した。これにともなって、牛車の使用は、馬助車など五輛であったが、現代は御所車と女房車の二輛になった。しかし、葵祭の基本的な伝統は継承されており、平安時代の風俗を再現して民衆の眼前に毎年示していることは極めて貴重である。

●賀茂祭見物

「一条大路は、これ祭場なり」といわれる。賀茂祭の前後には、斎王の御禊、関白の賀茂詣、斎王の帰《かえ》さの行列、大嘗祭にそなえての禊斎行幸などが、見物客が参集する一条大路を通行するのである。祭礼行列への参加者側は当日に備えて準備万端でのぞみ、観覧する側は行列のすばらしさへの期待感をつのらせて見物に出向く。双方の期待感が視線や拍手、歓声などによって満足感に昇華すれば、祭は最高潮の雰囲気をかもし出すのである。

賀茂祭の見物は、桟敷、物見車、立見や座見などがある。桟敷は一条天皇期（九八六～一〇一一）から流行して、院政期に盛んになった。これは大きく分けると、

素襖　看督長　看督長　調度掛　鉾持　火長　如木　如木　白丁　調度掛　鉾持
舎人検非違使志　白丁」　舎人検非違使尉
素襖　看督長　看督長　童　火長　如木　如木　白丁　童

火長　如木　如木　白丁　馬副　馬副　手振　手振　雑色　雑色　取物舎人　白丁
白丁」　舎人山城使　童　管蓋　取物舎人　取物舎人
火長　如木　如木　白丁」　馬副　馬副　手振　手振」　雑色　雑色　取物舎人　白丁

白丁　退紅　衛士　白丁　雑色　白丁　口取内藏
白丁　御幣櫃　白丁　白丁　御幣櫃　白丁　白丁　御幣櫃　白丁　口取内藏寮史生
白丁」　退紅　衛士　白丁　白丁　白丁　白丁　雑色　白丁

雑色　白丁　馬部　馬部　馬部　馬部　調度掛　雑色　白丁
史生　御馬　白丁　御馬　白丁　舎人馬寮使　白丁」
雑色　白丁」　馬部　馬部　馬部　馬部　童　雑色　白丁

牛童　牛白車白白大　口取丁方丁丁職工　栈榻　口付　白丁　手明　手明　退紅　雑色　白丁　白丁　雑色　白丁
牛｜牛車　雨皮雨皮雨皮　白丁　白丁　替牛　和琴　舎人舞人　舎人舞人
牛童　牛白車白白大　口取丁方丁丁職工　栈榻　口付　白丁　手明　手明」　退紅　雑色　白丁　白丁　雑色　白丁

〔中略〕

藏人所陪従事
白丁荷鉦鼓白丁　（二鼓）藏人所陪従
藏人所陪従事　藏人所陪従事　藏人所陪従　手明（白丁）　牛童　白丁（控枝）
牛車長
藏人所陪従事　藏人所陪従事　藏人所陪従　手明（白丁）　牛童　白丁（控枝）

車白大工　方丁白職　掛竿　楊　白丁　白丁　白丁　白丁　白丁　白丁　火長　火長
牛｜牛車　替牛　替牛
車白白大工　方丁職　掛竿　楊　白丁　白丁　白丁　白丁　白丁　白丁　火長　火長

①邸宅の築垣にそって仮屋を造り、床板に畳を敷いて高欄に構えるもの
②築垣などをこわし、そこに檜皮葺の建物を造り、内部の造作を整えて簾などを設けたもの
の二つがある。前者は臨時の仮設的な施設であり、後者は常設的なきちんとした建造物である。これらを設けるのは、上皇、摂関家などの権力者や有力者であり、利用するのは、こうした人たちと縁の深い皇族、貴族、一族の人たちなどである。桟敷では、会食、懇談をしながらゆったりと行列を待つのである。これらの席は祭見物の貴賓席であり、特別観覧席である。

物見車は牛車で一条大路に早目に出向いて、街路端に駐車して牛をはずす。そして、車に乗ったまま四人ほどで行列を見物するのである。駐車場所取りの大変さと騒動は「車争い」で有名であり、別項を参照していただきたい。

特等席の桟敷や物見車群が参集する区域から離れたところには、庶民たちが莫蓙《ござ》を敷いて座って待機する一角や立見の場所、築垣や木に登るなど少しでも高い所から見ようとする者など、祭見物の適切を求めて、それぞれが納得した場所で、行列を待つのである。

賀茂祭の場は、年一回の非日常の祝祭であり、最高の晴《はれ》の場で、衆目が集中する一瞬である。これに対応して、祭礼主催者の朝廷官庁は、規則に基づいて、華美に流れると社会が堕落するとして規制し、検非違使により取り締まりを強化する。

祭礼行列の主役を担う人たちは、「責任をきちんと果たしたい、できたら、新趣向を折り込んで格好よく演じたい。そして、観衆から注目されたい」と願うのが本音《ほんね》である。自家の名誉と威信をかけ

るので知らず知らずのうちに華美に向かうことになる。こうして、等差による規制と風流を優先する過差《かさ》の両方が対立するのである。

過差において、対象となるのは、服装、乗車、乗馬、調度類の造作、贈与と饗宴である。牛車については、車のつくり（とくに金銀の飾り）、乗用者の服装、車副や従者の数などである。前述した治承三年（一一七九）の行列の場合は、後日、「新制」を破っているとして、中宮使は「恐懼《きょうく》」（朝廷から勘気を蒙り、出仕を停められ謹慎を命ぜられること）、馬寮使は「籠居」に処せられているが、近衛使と東宮使には何のお咎めもなかった。これについて記主の中山忠親は、近衛使の過差はもっぱら関白基房によって調進されたものであり、東宮使の平維盛については「維盛朝臣、権門を優せらるるか」として、権勢のある平家一門であることが影響していると述べている。

こうして、総勢数百人にも及ぶ華麗な祭礼行列には、平安京と畿内の上下貴賤の人たちが大挙、群集したのである。時代によって盛衰はあったものの、数百年にわたって基本的な枠組は継承されて、現在も実施されていることは、真に貴重である。改めて祭典絵巻を見つめ直して味わいを深めていきたい。

斎王群行

●群行路の一行

天皇に代わって、伊勢神宮に仕える斎王は、未婚の皇女から選ばれた。天武二年（六七四）、壬申

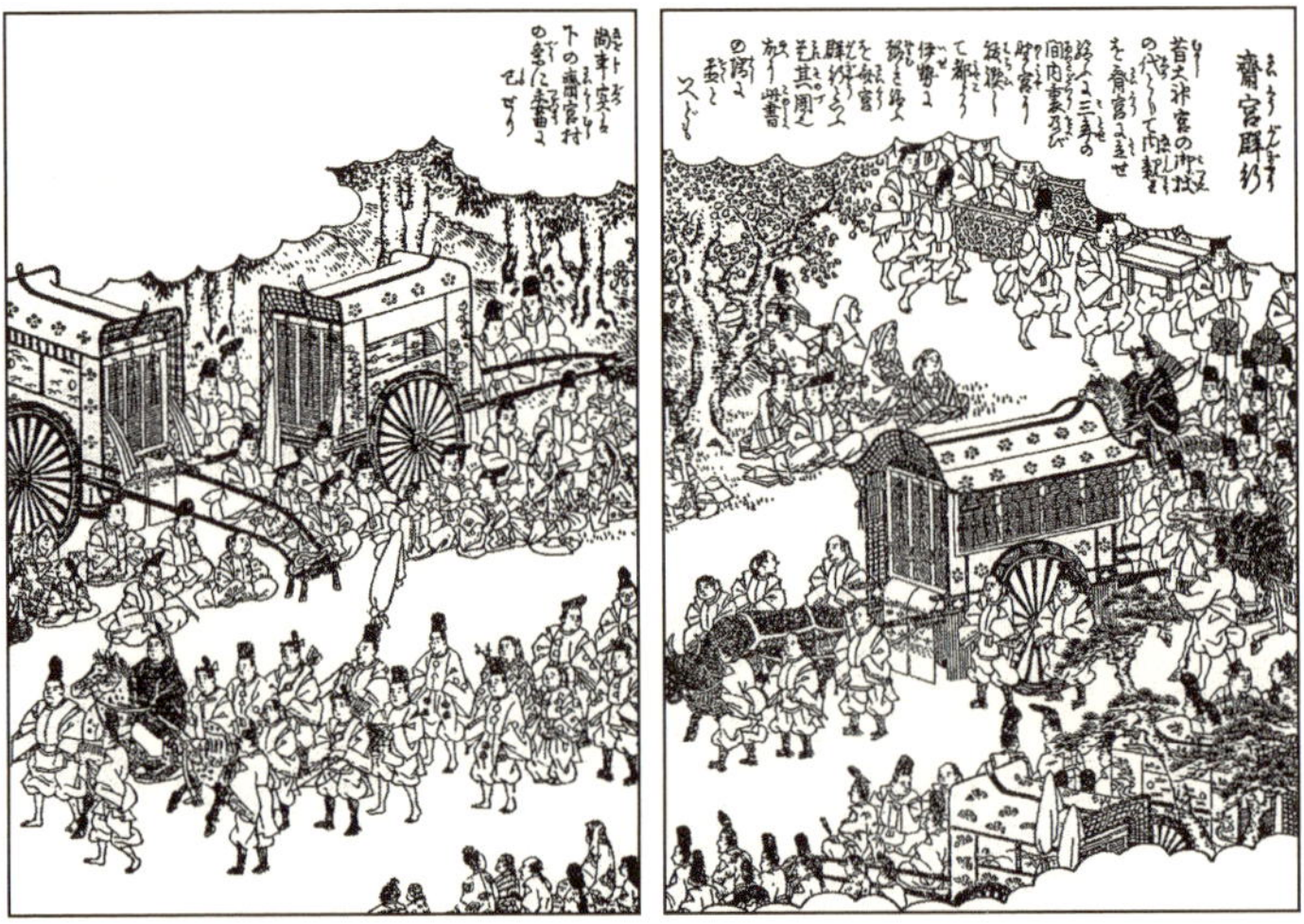

図32　斎王群行（『伊勢参宮名所図会』より．文献 2 章16）

の乱に勝利した天武天皇が、祈願した天照大神に感謝して、大来皇女《おおくのひめみこ》を伊勢に遣わしたのが始まりで、その後六六〇年余斎王制度が続いた。斎王は平安京の初斎院や野宮で三年にわたって禊斎を経た九月に、伊勢神宮の神嘗祭に合わせて出立した。

朝廷ではこれに先立って、諸国に大祓使が派遣され、さらに、近江、伊勢国の沿道を祓い清めるとともに葬送などを禁止した。斎王は天皇に別れをつげ、新たに任命された、長奉送使、斎宮寮の官人女官とともに五〇〇人ほどの大行列で、盛大な見送りを受けて都を出立した。斎宮までは五泊六日で東海道を進み、鈴鹿から伊勢道へ入った。国境と勢多川、鈴鹿川などの主要河川では、鉄の人形《ひとがた》を使った禊祓を行って、清浄性を深めていく道程であった。

長暦二年（一〇三八）、後朱雀朝の斎王良子《ながこ》内親王（一〇歳）の群行を、同行した藤原資房の日

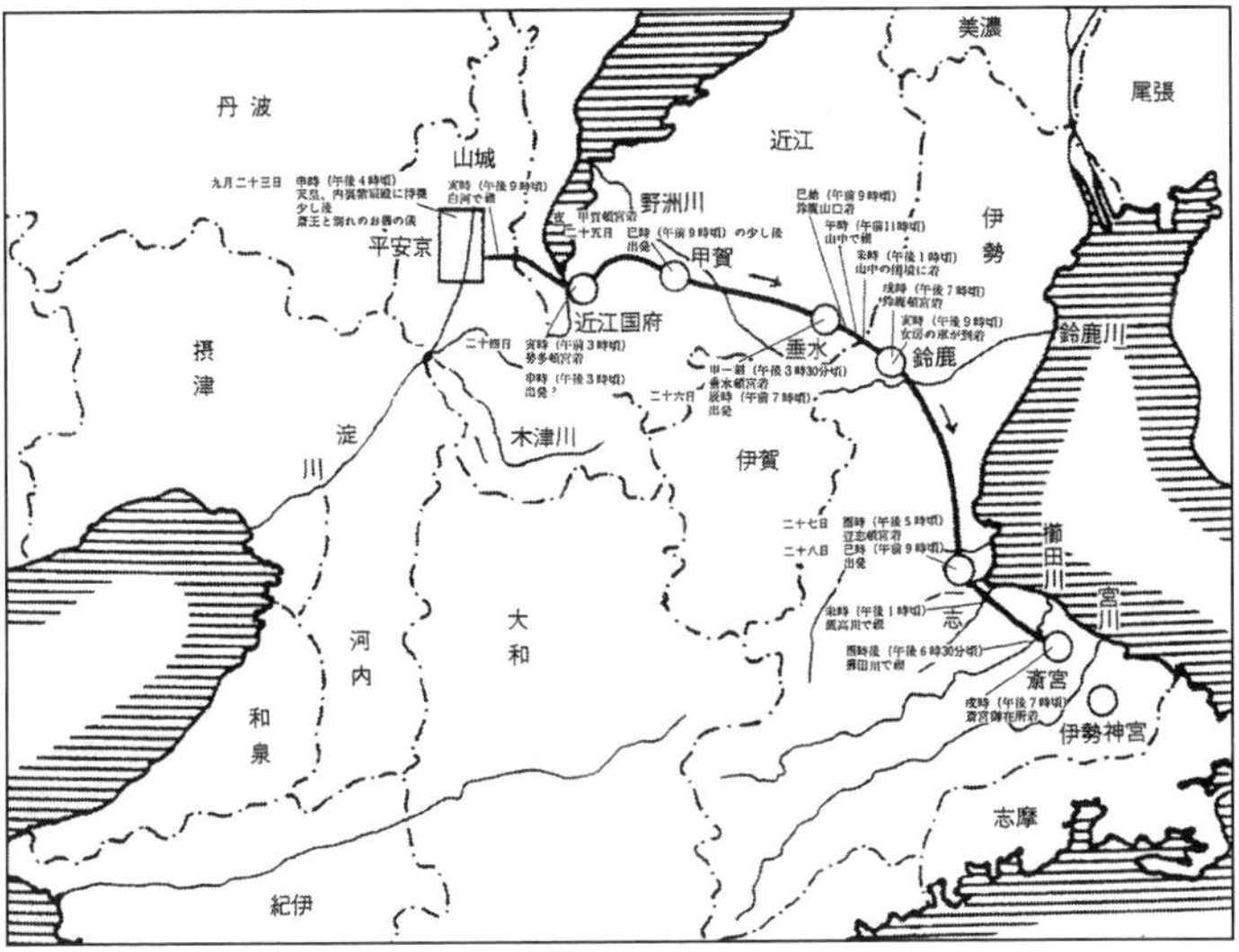

図33　長暦２（1038）年の斎王群行の行程（文献２章16）

記『春記』からみると、九月二三日に出立。乗用具は斎王が乗る葱華輦を中心に、主要官人は騎馬、女房たちは五輛の網代車で、あとの大部分は徒歩である。道中での最大の難所は鈴鹿峠である。二六日、輿の斎王は午後八時ごろに鈴鹿頓宮に到着したが、女房たちの乗った牛車は、鈴鹿峠の急坂や狭路で難渋し、途中下車して馬に乗りかえた人もあったという。牛車はこのため二時間あまり遅れて、午後一〇時になってようやく着いている。箱根と並ぶ天下の嶮として、長く交通の難所であった所を、平安時代におただしい人馬と牛車、輿とともに、斎宮寮での生活に必要な調度類などの大量の荷物を運ぶのは相当な困難をともなったといえる。それにしても、牛車で京都と伊勢の長距離を走破したのは、難所での応援態勢が強力であった斎王群行だからなしえたのであろう。日本ではこれ以外に明治初期まで牛車で鈴鹿峠を越えた事例を聞かないのである。

●伊勢斎宮での斎王

斎宮の殿舎（多気郡明和町）は、代替わりごとに造営された。斎王は多くの官人官女にかしずかれて清浄な生活を送った。一二キロメートルほど離れた伊勢神宮へは六月、一二月の月次祭、九月の神嘗祭の年三回出向いた。斎内親王参宮図をみると、雑色と騎馬の官人に先導されて、輿に乗った斎王が多くの臣下と騎馬に囲まれて進んでいる。その後ろには、女房の牛車と騎馬の一団が続く。ざっと六〇人ほどの行列である、伊勢神宮では、一回が三泊四日の旅程であるので、年間九泊一二日だけ斎宮を離れたことになる。

改めて、斎王群行に使用された乗用具に注目すると、天皇は輿、女房は牛車、男性官人は馬（女性で馬に乗る人もある）という身分別の使用区分が厳守されていたことがわかる。

路頭礼・同車行・出車

●路頭礼

車が錯綜する現代の交通ルールは、多岐にわたるが運転者全員に周知されており、違反した場合は罰則が原則である。人々の通行が少なかった古代から中世においても、行き交いなどの交通ルールの基本が路頭礼として知られていた。これは移動時の対人礼節の一つで、身分によって対応がさまざまでであった。これは身分の下位者が、上位者に行き合ったり、権力者の邸宅周辺を通行したりする場合にとるべき行動について規範原則を示したものである。これらについてまとめられたものとしては、弘安八年(一二八五)の『弘安礼節』が著名である。路頭においてとるべき行動の概要を桃山有一郎『中世京都の空間構造と礼節体系』を中心にみてみたい。

まず、当時の最高位である親王の一行と遭遇した場合であるが、次の三段階があった。

①扣車《ひかえ》―停車して道を譲る

大臣・大納言・中納言の場合は、いずれも「車を扣《ひか》へ」、双方の傭僕は下馬。大臣の前駈以下は大臣の車の傍らに別居。親王一行が通過し終わったら、大臣の従者は進み始める。また、親王一行が、大臣の後方から追い越す場合は、大臣の車は親王に対して、「直に」(道路の進行方向に対して直角に)車を立てて、道路脇に駐車して、道を譲るのである。

②税駕《とか》―牛を牛車から外す

参議・散位二位・三位の場合は、「牛を牛車から外して、榻《しじ》を車前に置く」か「軛《くびき》を榻の上に置く」ことが求められる。榻を車の前に置くことは、牛車の進行を止めて下車の意思を表示する動作である。主人は車に乗ったままで、親王の通過に敬意を表するのである。

③下車

蔵人頭・弁官・四位・五位の殿上人は、「下車すべし」と定めている。牛を牛車から外して、完全に駐車した上で、自身も車から降りて、待機するのである。蔵人頭は下車したら立ったまま

文献 3 章35）

	弁　官（大弁宰相を除く）	殿上人		地下諸大夫		大外記・大夫史
		四位	五位	四位	五位	
	下車	下車		下車蹲踞	下車平伏	下車平伏
	下車	下車		下車蹲踞	下車平伏	下車平伏
	税駕して下車せず	税駕して下車せず．但し弁官ならば下車	下車し轅の外または内に立つ	下車蹲踞	下車平伏	下車平伏
	車を扣え牛を出さず	車を扣え牛を出さず		税駕	下車	下車
	車を扣える	車を扣える		車を扣える	税駕	税駕
	車を扣え税駕せず	車を扣え税駕せず		車を扣え税駕せず		車を扣え税駕せず

でよいのに対し、四位の諸大夫は蹲踞《そんきょ》、五位は下車平伏が求められていた。蹲踞は「ツクハウ」の訓があり、貴人の通行に出会った時、両膝を折ってうずくまり、頭を垂れる動作が一般的である。「平伏」は、「両手をついて、頭を下げ、ひれ伏して礼をする」ことであり、親王が眼前を通過される間、約四五度に頭を下げたまま保つことが求められている。

表10から『弘安礼節』の路頭令規定でのそれぞれの対応をみると、遭遇した人たちの身分によって扣《ひかえ》車、税駕《とか》、下車（下車立礼、下車蹲踞、下車平伏）の順に動作の深浅、厚薄が定められている。これは当時の路頭での基本的な

表10 『弘安礼節』の路頭礼

自分／相手	大臣	大中納言	参議・散二位・三位			蔵人頭
			二様あり			
親王	互に車を扣え僮僕は下馬．大臣の前駈以下車の傍に列居し親王の前駈は歩行して過ぎ，親王の車が過ぎて大臣の僮僕は騎馬して進行．親王の車が後から来たら大臣は車を親王の車に対して〔異本「次いで」〕立てる．	同左	牛を出し，榻を車前に立て軛を榻上に置く	榻を車前に置く	兼大弁は税駕	下車
関白	同上	同上	税駕			下車
大臣		同上	牛を出し，榻を車前に立て軛を榻上に置く			税駕して下車せず
大中納言			車を扣え牛を出さず			車を扣え牛を出さ
参議・散二位・三位						車を扣え
蔵人頭						

礼節をまとめたものであるが、実際には、当事者の家柄や有職《ゆうそく》家等による斟酌が加味されて、必ずしも原則通りには行われなかったり、トラブルになったりすることもあった。

平安時代の物語から、行列の行き交い事件についてみると、最初の『源氏物語』の関屋では、空蝉の一行が源氏の行列が通る予定であることを前もって承知していて、早めに出発するとともに、近づいたことを察して、牛車等を街道脇の杉林の中に引き入れて、下車して待機したため、円滑な行き交いになっている。

鎌倉初期までに成立したといわれる『宇治拾遺物語』巻八の「大膳大夫以長駈之間事」は、路頭での行き交いでの状況を伝える内容で興味深いものがある。

法勝寺の千僧供養に、鳥羽院御幸があり、これに左大臣藤原頼長もお出かけになった。路次で先行する公卿の車に追いついた。これに気がついた公卿が「車をおさへて」頼長一行を先に通した。頼長の随身は下馬して通ったが、前駈の橘以長《もちなが》だけは乗馬のまま通過した。これを不審に思った頼長は以長を呼んで、この無礼を責めたところ、以長は「これはまた何という仰せでございましょう。礼にかなった法と申しますのは、後から貴人がおいでになったら、前に行く者が車の向きを変えて貴人の御車の方に向けて、牛を車からはずして榻《しじ》に軛《くびき》を置いてお通し申すのこそ礼儀でありますのに、前に行く人がたとえ車を止めたといたしましても、尻をお向けになってお通し申すのは、礼にかなっておりませず、無礼と見受けましたので、そのような方のために降りる必要はないと思って、降りなかったのです。もしも知らずにああした無礼をなさったのでしたら、そばに寄って一言教えてさしあげたいと思いましたが、なにせ以長はもう年をとりましたので、我慢をしていたのです」と反論した。左大臣は困惑してある貴人に相談すると、「以長はまことに老練な侍のようだ。摂家に長く仕える者であるから、その発言にも理があるのだろう」との返答を得たので譴責しなかったという。著者はこれを評して、「むかしは、牛を車からはずして、榻を轅《ながえ》の中に、下車しようとする時のように置いたものだ。これが本当の礼法だということである」と結んでいる。

この話は平安末期の路頭礼の実態を考えさせる要素を多く含んでいる。まず、身分差に対応する動作であるが、ここでは、大臣に対する五位の殿上人公卿である。路頭礼によれば、「下車し、轅の外または内に立つ」であった。具体的には「車を相手に正対させ、牛をはずして、榻を置いて軛をのせて停車させる」ことが求められた。ここでは公卿は「おりんずる〔下りようとする〕」ような動作で停車して、下車を示すパフォーマンスを取っているが、車に乗ったままで、大臣の通過に対応している。

次に、路頭礼の変化がうかがわれ、著者が「むかしは……」と記す内容から、平安末期から鎌倉初期にかけては、以前に比べて路頭での礼節が弛緩したり、乱れが生じたりしていることがうかがわれる。老練な随身ほど、きちんとした路頭礼の時代を大切にする気持ちが読みとれる。この後には、武将が平安京を闊歩する時代になって、位階官職の上からは当然要求される礼に混乱が生じていくのである。

行列の最高責任は主人が負っているのであるが、今回は主人が咎めたのではなく、随身による独断での抗議のパフォーマンスである。以長は「誤りてさも候はば、うち寄せて一言葉申さばやと思ひ候ひつれども、年老い候ひにたれば、おさへて候ひつるに候ふ」と述べて、老年なのでがまんしている。もし、以長が誤りを指摘していたらどうなっていたであろうか。公卿の随身らと口論や狼藉に及ぶこともあったであろうか。いずれにしても、以長の行為に不審をぬぐい切れない主人は知恵者の貴人に相談して、その返答に納得して、以長をゆるしているのは適切な処理であったといえる。

●門前の儀礼

格式のある社寺には、今でも「下馬札」が残っているところがある。聖なる領域に入る場合は、馬や駕籠などの乗り物は門前で降りて、歩いて行くのが日本の古くからの慣例であり、現在もこの伝統は受け継がれている。これに類似したことで、高貴な人の居所や邸宅の近辺を通過するときの儀礼について、平安時代に話題になったことがある。邸宅の門前は公道の一部ではあっても、居住者の支配がおよぶ領域だと考えられていた。だから、大臣の地位にあっても、他の大臣の門前を牛車に乗ったまま通ることは無礼であるとされた。どうしても通らねばならないときは、下りて行ったり、裏築地の外を迂回して通ることが慣例になっていた。これに反した場合には、制裁が加えられたり、騒動に発展することもあった。

繁田信一『殴り合う貴族たち』から、藤原斉信《なりのぶ》の場面を見てみたい。長徳三年（九九七）四月、参議の斉信と藤原公任《きんとう》の二人は同車して、土御門第に住む左大臣藤原道長を訪問しての帰路、花山法皇の住む花山院の門前を通過しようとしていた。すると、花山院から出てきた数十人の従者たちによる激しい投石に襲われた。さらに、公任・斉信の牛車を操っていた牛飼童は拘束されて花山院に監禁され、これ以外の従者たちもひどい目に合わされたという。

また、寛弘六年（一〇〇九）の正月三日、権中納言斉信と藤原頼通（御堂関白道長の御曹司）は同車で皇太子居貞《おきさだ》親王へ年頭のあいさつに出立した。その途中で、右大臣藤原顕光《あきみつ》の住む「堀川院」の門前にさしかかったとき、突然に無数の石が飛んできた。顕光の従者たちが、牛車めがけて石を投げつけてきたのである。しかし、この一件はことさら取り沙汰されることはなく、藤原行成の日記である『権記《ごんき》』の筆致もあっさりとしている。これからすると、投石に遭うのはそれほど珍しいことではなかったのであろう。

さらに、万寿四年（一〇二七）四月、賀茂祭使の行列を見学するために、斉信は弟の尋光《じんこう》僧都とともに牛車で外出した。その途次、中納言源師房《もろふさ》宅の門前を通り過ぎようとしたところで、「上下雑人の出て来たりて」石の雨に見舞われている。この邸宅にいた従者たちが、大勢で牛車に石を投げつけたのである。

このように藤原斉信は方々で投石に遭っている。門前を通ると石が飛んでくるという邸宅は、いくつかあったようである。投石に遭う危険な場所を「難所」と呼んで話題としていた。それは、最上級貴族の邸宅の門前であり、その妻妾や子弟の住む邸宅が含まれることもあった。

洛中で高貴な人の居所して特別視されるのは、天皇の居所である里内裏、法親王、摂政、関白、大臣、門跡、室町御所などである。とくに、里内裏では特別の許可を受けた人以外の乗馬、乗車のままの通行が許されない。この領域から一里の距離のところに陣口があり、「車置石」が設置され、ここが参内する臣下の下車地点になっていたのである。皇居や寝殿造りの貴族邸宅では、堅固な防御施設は設けられていなかったが、だれもがこれを敬して扱う伝統が定着していたのである。日本の皇居は、欧州や中国のように堅牢な壁で囲まれていることはないが、国民は天皇を敬して存続してきたのである。

門前儀礼を侵害している者をこらしめる手法を構成しているのは、飛道具としての投石、兵杖での攻撃、狼藉行為による罵倒などである。このうち、最も多用されるのは投石である。突然に予想外のところから石が次々に飛んでくるのであるから、攻撃される者の驚きは格別である。飛礫《つぶて》の意義については、破壊する武器としての威力のほかに、悪者をこらめしたり、邪気を払い悪霊を清める呪力への期待がこめられているという。

門前通行者の襲撃では、弓矢や刀など殺傷力のある武器は使わず、投石と兵杖にとどめられている。通行者の制裁の意味が伝わって、二度と同じ行為をやらないように懲《こ》らしめて、邸宅居住者の権威を守ることがねらいである。通行者の命まで奪おうというのではない。つまり、節度がきいており、棒や石ころに限定しての威し行為になっている。この状況について、増田悦佐は『奇跡の日本史』のなかで、「象徴天皇制が布《し》かれる千年近く前に、象徴暴力制が布かれていたという印象が強い」と述べていることに注目したい。門前儀礼での投石にはさまざまな日本文化の要素がからんでいて興味深いものがある。

●同車行

牛車は定員四人の大型車輌である。自家用車の場合は、親子や同居の親族が同乗して外出することが日常的である。公用牛車の場合は、担当役人があらかじめ身分等を考慮して乗車名簿を作成し、当日は名簿を読み上げて順に乗車が行われた。だから、時には仲のよくない者同士が、牛車の狭い空間に同車して、つらい思いに陥ることもあった。同車した場合の形態を示したものが表11付図である。

牛車の客室は簾などで囲まれた移動する密室空間である。だから、同車の機会が多い者同士は絆を深めて特別な関係が構築されることになる。『小右記』を分析した京樂真帆子『平安京都市社会史の研究』によると、右大臣藤原実資《さねすけ》の同車例は五〇年間に三二〇件あり、うち二三六件（七四パーセント）が、後継者と目される資平《すけひら》（兄懐平《かねひら》の子で養子）である。次いで、兄の懐平一六回、子の千古《ちふる》九回などである。実資と資平はともに政府の高官であり、牛車で行動を共にすることで、政務や儀式にかかわることを車中で打ち合わせたり情報交換して教えたりしたに違いない。父子の関係を最大限に生かして、仕事の運営が良好に行われたのである。同じ養子でも、資頼や資高はほとんど同車していない。つまり、後継者と見なしている者だけを選択して同車を繰り返しているのである。

実資の同車用務を内容別に集計すると、政務、内裏行事などの公務が一四八、仏事関係五二、火事、病気見舞が二九と多くなっている。私的な遊興としては、賀茂祭や石清水臨時祭見物七、行幸、行啓、賀茂斎院禊ぎ見物六、郊外への遊びや見物などに一二回が主なものである。実資らは平安京内とともに、郊外の摂関家の別邸や寺院、庵、自分や親しい人物のゆかりの地を訪れて、親密な人的ネットワークを構築したのである。

●娘・千古《ちふる》との車利用

実資には五人の子供があり、四人（うち三人養子）が男子、一人が姫である。千古は寛弘八年（一〇一一）生まれで、実資が五〇歳をこえての老年での初めての娘であり、格別のかわいさを感じていた。そして、自家の財産の継承者として選んだのは、四人の息子たちではなく、まだ幼い末娘であっ

原実資との同乗記事（文献２章24）

資との関係	出発地	目的地	備　考
僚	内裏	中宮へ	新任の挨拶
	実資宅	藤原高遠宅へ	小食あり．高遠も兄
	内裏	藤原道兼宅へ	仏事に招待
		室町へ	室町は姉の居所
		藤原景齊坂下宅へ	
		坂下山荘	納涼
	実資宅	粟田（道兼山荘）	道兼が誘う
	実資宅	道綱宅	道兼の車に同乗
	道綱宅	粟田（道兼山荘）	道兼と三人で同乗．射等の遊び
兄弟	粟田	実資宅	帰宅の同乗
	摂政（道隆）殿		賀茂祭見物．朝光の招きで同乗
兄弟	内裏	女院（詮子）	仏事
		中宮（定子）	三人同乗．火災見舞い．冷泉院も
兄弟	中宮御在所	道兼北方	三人同乗．近火見舞い
		内裏	政務
		知足院辺	賀茂祭見物
兄弟	左大臣（道長）宅	内裏	政務
		慈徳寺	慈徳寺供養

出典）　京楽真帆子『都市社会史の研究』（塙書房，2008）より．

た。

『小右記』に出てくる千古《ちふる》についての最も古い記述は、長和二年（一〇一三）四月一九日の「今日、初めて新しき網代車に乗る。但し、家中を出でずして、池の頭を臨《のぞ》み見る。小児・一両の女房も相ひ乗る」である。数え年三歳の幼い千古が、父親の実資《さねすけ》が新調した網代車に、二人の女房たちと同車して、小野宮内の寝殿造りの池を臨み見たのである。これは、「新車乗始め」の儀式を行っ

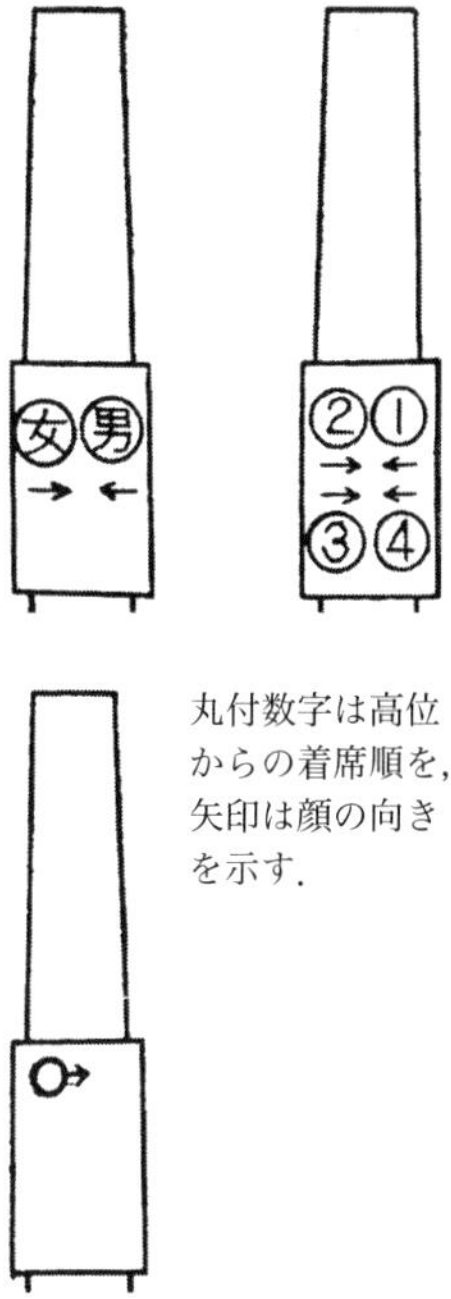

丸付数字は高位からの着席順を，矢印は顔の向きを示す．

表11付図　牛車同乗者の位置

表11　『小右記』にみえ

	年代（西暦）月日	同乗者	同乗者の官
1	天元５年（982）３月11日	藤原済時	中宮大夫
2	永延元年（987）２月18日	藤原懐平	三位修理大
3	永延２年（988）12月17日	藤原道綱	三位中将
4	永祚元年（989）３月25日	藤原高遠	右兵衛督
5	永祚元年（989）４月５日	藤原道綱	三位中将
6	永祚元年（989）６月12日	藤原高遠 源　清延	内蔵頭 伊予守
7	正暦元年（990）11月15日	藤原道兼	右大将
8	正暦４年（993）２月６日	藤原道兼	内大臣
		藤原道綱	宰相中将
		藤原公任	藤宰相
9	正暦４年（993）４月15日	藤原朝光	大納言
10	長徳２年（996）３月２日	藤原公任	左兵衛督
11	長徳２年（996）６月９日	源　俊賢 源　頼定	右兵衛督 弼
		藤原公任 藤原斉信	左兵衛督 宰相中将
12	長徳２年（996）10月８日	源　俊賢	勘解由長官
13	長徳３年（997）４月17日	藤原懐平	修理大夫
14	長保元年（999）７月25日	藤原公任	右衛門督
15	長保元年（999）８月21日	藤原懐平	藤相公

たのであろう。新しい牛車を導入することは上級貴族においても格別のことであり、故実に即して平安を祈願する儀式を行うのが慣例であった。陰陽師に依頼して吉日を選んで日時を決定して、主人が納得する儀式が催行された。祈禱後主人が束帯で乗車、舞人や楽人を招いて芸能を奉納するなど形式はさまざまである。実資家の場合は、最愛の娘を乳母とともに新車に乗せて、家敷内で終えている。童子には霊力が宿

っており、福を招くという信仰があるので、主人の実資《さねすけ》ではなく、三歳の千古《ちふる》を新車乗始めの中心にしたのであろう。新車購入の喜びを最愛の娘と分かち合うとともに、これからの幸多からんことを望んだのである。

次は、同年（一〇二三）四月二三日で、父親の実資の意向によって、早朝から上賀茂社と下鴨社に参詣している。主人と一緒ではなく、実資家の家司《けいし》と一緒であった。平安時代の名門貴族にとって、初めて参拝するにふさわしい格の高い神社は賀茂社であった。

実資が千古と同車して、京中の大路に行列見物に出かけたのは長和三年（一〇一四）一〇月二五日で、宇治に向う師宮敦康《うちのみやあつやす》親王の行列であった。多くの貴族たちを従えて、住居の小野宮第近くを通過することを知った実資は、四歳の千古に行列を見せるために、東洞院大路の辻に出かけている。このときは、嫡男格である資平《すけひら》の子供も一緒であったので、さぞ賑やかな車内であったことだろう。

そして、千古が上級貴族の姫君にふさわしい行装で見物に臨んだのは、長和五年（一〇一六）四月二一日の賀茂斎院御禊のときであった。付き添う者や諸準備を整えて、邸宅から牛車で同車して出立して一条大路に新造された実資家の桟敷に到着した。見物人で混雑する路上からの行列見物でなく、人混みに煩わされずに見物できる専用の屋舎が準備されていたのである。こうした桟敷は一部の裕福な貴族たちが競って設けた施設である。このときは、自家の女房たち、養子の資頼や資高にも同行を指示していたので、実資の一族が専用の桟敷に参集して行列を見物するのであり、衆目の関心を集める一角であった。

繁田信一『かぐや姫の結婚』のなかで、「千古の父親となる以前の実資は、わざわざ桟敷を設けてまで、行列見物を楽しもうとする人物ではなかったが、長和五年（一〇一六）還暦を境にして変転している。行列見物に積極的になったのは、愛娘の千古のためだったのであろう」と、実資の変化に注目している。こうした実資の豹変について、同車を繰り返している資平とは、折りにふれて話題にしたのではなかろうか。寛仁二年（一〇一八）三月一二日、八歳になった千古は、行列見物をおねだりするまでに成長した。石清水臨時祭の勅使の行列見物に、牛車に乗って大宮大路まで出向いている。『小右記』には、「小女に催さるるによりて、相ひ共に見物す」とある。実資はこの日、体調不良から参内を見合わせており、それにもかかわらず、千古の要請で同車したのである。このあと、千古と同車した機会を見ると、

①寛仁二年三月一九日　寝殿造作のため門外に待避
②　同年　四月二一日　賀茂祭前日の関白行列見物
③　同年　四月二二日　賀茂祭当日の勅使行列見物（牛車―桟敷）
④　同年　四月二九日　姉の喪に服すため著帯

であり、この二ヵ月弱は、千古のおねだりに振り回されながらも、愛娘との交歓を楽しんだ濃密な期間であった。実資は、千古と身近に一緒にいることが大きな喜びであったのである。

●恋の空間としての牛車

『和泉式部日記』に登場する牛車は、恋を促進する特別な空間として機能している。

長保五年（一〇〇三）に初めて、敦道《あつみち》親王（冷泉天皇第四皇子）が、和泉式部のもとを訪れた。このときは、身分を隠すため、やつし車の「あやしき御車」であり、檳榔毛車でなく粗末な網代車であったのであろうか。両者の関係が飛躍的に発展する契機になったのは、五月の「月夜の同車行」である。宮は牛車を式部の邸に横づけして、これに乗せて外に連れ出す。女性にとって外出デートなど考えられない時代の奇襲作戦であった。

「さあいらっしゃい、今夜だけは。だれにも見られない所があります。ゆっくりと、お話しでも申し上げましょう」と、車をさし寄せて、むりやりにお乗せになるので、女（式部のこと。以下同様）は何が何だかわからず夢中で乗った。人に聞きつけられたらどうしようと案じながら行くと、ひどく夜も更《ふ》けていたので、気づく人もいない。宮は車をそっと人影もない細殿にさし寄せて、お降りになった。

二晩にわたって、宮が式部を連れ出したのは、宮廷の渡殿の一角で、他者の目の届かない、二人だけで語らえる場所であった。夜が明けると宮は、そっと車に同乗して送ってこられた。

一〇月の同車行では、大胆な恋の語らいが牛車内で展開される。

宮は夕方女の家においでになって、そっと女をお連れ出しになった。宮はこのごろは、四十五日間の方違えのため、いとこの三位兼隆の家に向かった。女はいつもの所でないので、「見苦しゅうございます」と尻込みしたが、宮は強引に女を乗せたまま、牛車を人目のない中門の外側にある車宿に引き入れさせた。そして、自身は邸宅の中へ入ってしまったので、女は不安でしかたがない。

人が寝静まったころ、宮はやって来て牛車の中へ入って、今後のことについて契られる。事情をわきまえない宿直《とのい》の男どもが、あたりを巡回している。そのうえ、いつもの右近尉と牛飼童が車の近くに控えている。宮はしみじみとした気持ちになって、女に対して冷淡に過ごしてきたことを詫びるが、思えば身勝手な話である。

明け方になると、宮は女を家まで送って、兼隆の家の人が起きないうちにと、急いで帰った。宮から歌が届いた。

寝ぬる夜の寝覚めの夢にならひてぞ　伏見の里を今朝《けさ》は起きける

（あなたとともに寝るようになってから、浅い眠りがくせになったが、名も伏見の里なのに、今朝は伏すことなく起きてしまいました）

式部の反歌は、次のようである。

その夜よりわが身の上は知られぬば　すずろにあらぬ旅寝をぞする
（宮様とお逢いしたあの夜から、わたしの身の上がどうなるかわからなくなりまして、昨夜も意外な宿泊先に泊まってしまいました）

宮は王相の方角を忌んで、方違えしていとこの家に逗留しているとき、再び式部を牛車で連れ出して車宿にとめておき、人が寝静まってから、車内で逢瀬を持ったのである。車内で寄り添うふたりの姿は描かれていないが、車宿での語らいは惹かれ合う男女が恋に酔うことを許容する絶好の場であったことは間違いない。そして、一二月一八日、宮と式部は同車して宮廷入りを果たすのである。車宿での語らいは、宮に式部の存在を決定的にした機会であった。

●出車《いだしぐるま》

これは牛車の簾の下から、女房装束の裾や袖をこぼれ出させて飾りにしたものである。センスのよい色合いの装束が見えると、乗っている女性の姿は見えなくても、その美的感覚から教養のある美人に違いないと感じるのである。後には、乗用者の装束とは無関係に、飾りとしての装束の部分の形状を別に整えて、車に配置することが行われるようになった。

出衣《いだしぎぬ》となる袖口や裾は、季節に応じて配色効果を考えて組み合わせるのである。衣の数は十二単《ひとえ》といわれるように、多くの重袿《かさねうちぎ》をして、色を組み合わせるとともに、同色の濃淡を重ねることによっ

図34　大八葉車　半部車　出衣（『輿車図考』より．文献２章32）

て全体としての効果をきわ立たせるのである。襲色《かさねいろ》目《め》の手法としては、折々の時節に焦点を合わせて梅襲、桜襲、紅葉襲などとし、雅趣豊かな色彩をかもし出した。また、『日本装飾史』によれば、同色の濃淡を、「匂《におい》（表を濃く次第に淡く）、薄様《うすよう》（表を濃く、次第に淡く最後を白く）、裾濃《すそご》（表を淡く、次第に濃く）、村濃《むらご》（濃淡をさまざまに）と命名し、ほのぼのとして余情に満ちた配色に意を注いだ」と記している。

出車が人々の注目を引くのは、平安京の大路を通行するときや賀茂祭を見物する折である。『源氏物語』賢木の巻に、「八省に立て続けたる出し車どもの、袖口・色あひも、目馴れぬさまに、心にくきまなれば」、『枕草子』二三段には、「御簾《みす》のうちに、女房、桜の唐衣どもくつろかにぬぎたれて、藤・山吹など色々このましうて、あまた小半蔀《こはじとみ》の御簾よりもおしいでたる」、同四段「桜の直衣に出袿《だしうちぎ》して、まらうどにもあれ……いとおかし」のように、女房装束をのぞかせて、袖口、褄《つま》、裾にみられる襲色目《かさねいろめ》の美しさを競ったのである。なかには、実際の乗車人員よりも多く、見せかけ用の袖口や裾の飾りを出車用《いだしぐるま》につくったり、袿《うちぎ》の枚数制限を無視するようなことも見られた。たとえば『今鏡』の、「すべらぎの中」の巻にある保安五年（一一二四）白河の花宴での女房の出車については、

女院の御車のしりには、みなくれなゐの十ばかりかさなりたるをいだされて、くれないのうちぎぬ、さくらもへぎのうはぎ、あかいろのからぎぬに、しろがねをのべて、うはざしは、たまをつらぬきてぞかざられて侍りける。

とあり、一輛の牛車に四人の女房が乗り、競って紅・桜・萌黄・赤色などを重ね、五枚の袿の制限を破る豪華さであったと記している。センスのよさと豪華さは、本人ばかりでなく、主家の評判にも影響するということで、雅《みやび》の美意識を競うあらわれとして、出車が注目されたのである。

初めて牛車に乗った武士

畿内以外に育った人たちにとっては、平安京を行き交う牛車は、憧れの乗り物であった。だから、機会があれば、一度は乗ってみたいと思っていた人たちも多かった違いない。そんななかで、二つの事例が著名である。

一つは、『今昔物語』巻二八の「頼光郎等共紫野見物物語第二」である。摂津国（大阪府・兵庫県）の守《かみ》・源頼光朝臣の家臣に、平貞道、平季武、坂田金時という三人の武士がいた。いずれも容姿は堂々としていて、武芸にもすぐれ、肝っ玉も太く、思慮もあって、どこといって難のつけどころがなかった。だから、東国でもしばしばすばらしい働きをして、人に恐れられた武士であったので、摂津守もこの三人に目をかけ、自分の身辺で重く用いていた。

さて、賀茂祭の帰《かえ》さの日、この三人の武士が話し合い、「何とかして今日の行列を見物したいものだ」と、その方法を考えた。「馬を連ねて紫野に行くのは、いかにも見苦しかろう。歩いて顔をかくして行くわけにもゆかぬ。ぜひとも見物したいが、どうしたらよかろう」と嘆いているうち、一人が「某《なにがし》大徳の車を借り、それに乗って見物しよう」というと、もう一人が、「乗り慣れぬ車に乗ろうものなら途中で公達に出会って車から引き落され、けられでもしてつまらぬ死にざまをさらすやもしれぬぞ」と心配する。もう一人が、「下簾を降して、女車のようにして見物するのはいかがであろう」というと、ほかの二人が「それは名案じゃ」と話が決まり、大徳の車を早速借りてきた。下簾を降し、三人の武士は粗末な紺の水干の袴などを着たまま乗った。履物《はきもの》などはみな車に取り入れ、袖も外へ出さないようにして乗ったので、見た目にはなんとなくゆかしげな女房車に見えた。

こうして、紫野に向けて車を進ませて行ったが、三人ともいまだ車に乗ったことのない連中なので、まるで箱の蓋《ふた》に何かを入れて振ったように、三人いっしょに振り回され、あるいは車の横板に頭を打ちつけ、あるいはお互いにほほをぶつけ合って、あお向けに引っくり返ったり、うつ伏せになって転がりながら行くなど、とてもたまったものではない。こんな具合に揺られていくうち、三人ともすっかり車に酔い、踏み板にへどを吐き散らし、烏帽子も落ちてしまった。

牛は名代の逸物で、ぐいぐいと牽いていくので、三人は東国の田舎訛《なま》りを丸出しにして、「そんなに早くやるな、早くやるな」と叫び続けていくと、同じ道を続いてくる車やそれについている徒歩の下人たちもこの声を聞いて怪しみ、「いったいあの女房車には、どんな人が乗っているのだろう。東国の雁《かり》が鳴き合っているようによくさえずっているのは、何とも不思議だ。東国の田舎娘どもが見物に来たのだろうかと思うが、声の調子は太声の男の声だなあ」と、不可解に思われた。

こうして、紫野に着き、牛をはずして車を立てたが、早く着き過ぎたので、行列を待っている間、この三人は車酔いでひどく気分が悪くなり、目が回って、なにもかも逆さまに見える。酔いのひどさに三人ともうつ伏せになって寝込んでしまった。

そのうちに時間がきて、行列が通りかかったが、この者たちは死んだように寝ていたので、まったく気がつかずじまいであった。行列が通り終り、あちこちで車に牛をつけて、帰り支度をしている騒ぎでやっと目が覚めた。だが、まだ気分は悪いし、寝込んで行列を見ずに終ったので、腹立たしく悔しくてしかたがなかったが、「また、帰りの車を飛ばされたら、おれたちはとても生きておられるものではない。千人の敵兵の中に馬を馳《は》せて飛び込むのは、日常茶飯のことだからちっともこわくはない。ただ、貧乏たらしい牛飼童一人に身をまかせ、あんなにひどい目に遭せられたのでは、それこそおしまいだ。この車で帰ったら、おれたちはとても生きてはおられない。だから、しばらくこのままここにいよう。そして、大路に人の気配がなくなってから歩いて帰るのが上等だ」と決めて、人影がなくなってから、三人とも車から降り、車だけ先に帰した。その後、皆履物《はきもの》をはき、烏帽子を鼻先まですらし、扇で顔を隠しながら、摂津守の一条の家に帰っていった。

これは、季武が後日語った話である。そして、「いかに勇敢な武士とは申せ、牛車の戦は無用なことでござる。あれ以後というもの、すっかりこりて、車のそばにも近寄り申さぬ」といった。

されば、勇敢で思慮もある者たちであるが、まだ一度も牛車に乗ったことのない連中だったので、こんな哀れな酔い死をしたとは、まったくばかなことだ、と語り伝えているということだ。

（『今昔物語』新編日本古典文学全集38、小学館、二〇〇二、参照）

この話はオーバーなところもあるが、牛車の基本要素と平安時代の交通文化の様相を伝えており、興味がつきない。三人の武将が平安京で人気の高い賀茂祭の行列を大路で見物したいと考え、騎馬や徒歩で行くのはヤボ、やっぱりふさわしいのは牛車ということで借用した。しかし、男性として牛車に乗る身分ではないことから、下簾を降した女車の忍びの様相で行くことにした。牛車に乗るには騎馬のような訓練の必要はなく、車箱に乗って、じっと座っていればよいと考えるのが普通である。しかし、牛車は予想外に振動が多い乗り物である。平安京の街路は、道幅は十分であるが、多くの路面は車輪に対応した硬構造ではなく、軟弱な柔構造で凹凸も多い。だから、ローリングやピッチングの振動は予想外に多かったに違いない。

小生の体験で、中学生の時、自転車の後ろに乗せてもらったことがある。自転車が微妙に傾くので、転ばないようにと思って全体のバランスを取る方向に体を動かしていた。すると、乗っている友だちから、「勝手に動くでない。オレに任せよ」と大声でしかられた。自転車に乗せてもらっている者は、ハンドルを持っている者の動きに合わせよというのである。後ろで勝手な動きをすると、運手者が二人いるようで困るというのである。つまり、乗せてもらっているときは車の動きに体を任せていることが基本なのである。

駕籠にも「乗り上手」といって、雲助が客をほめることがある。この客は駕籠の背もたれに体をぴたりとくっつけて、駕籠の振動に合わせて体をゆするのである。決して自分勝手な動きをしないことである。牛車も当然振動は多様にあるので、その動きに合わせることが基本となる。この話の場合は、横転を含めて相当にひどい振動の連続で、ついに酔死に近い状態になって、祭見物の目的が達成できないほどになったのであるから、まさに異常事態である。帰路は徒歩で、烏帽子を鼻先にずらし、扇で顔を隠しながら帰り、以後も車には近寄らず生涯車には乗らなかったという。馬上の合戦では万夫不当の勇士たちも、京都の文化生活にはなじめなかった挿話として興味がつきない。

二つめは、『源平盛衰記』の「おごる義仲」である。木曽（源）義仲は、二歳のとき父義賢《よしたか》が甥の義平に討たれた後、木曽（長野県）で育てられた。治承四年（一一八〇）以仁《もちひと》王の令旨で挙兵、その後、平維盛を夜襲して勝利をおさめ、平氏を西海に走らせて入京した。そして、元暦元年（一一八四）に、征夷大将軍に任ぜられている。

義仲は院の御所に行くために、初めて牛車に乗った。この牛車は義仲に追われて安徳天皇を奉じて都落ちした平宗盛が使っていたもので、牛飼童も宗盛に召し使われていた者であった。牛飼童は乗る人が義仲とわかると、(ご主人さまのかたきをとってやろう)と心の内にひそかに思った。車が門を出ると牛飼童は牛の尻に思い切り鞭《むち》を当てた。牛は飛びはねるようにして、いきおいよく走り出した。

車の中の義仲は、あまりの急発進にあおむけに引っくり返った。起き上がろうとしたが、車が激しく揺れながら疾走しているので、なかなか起き上がれない。蝶が羽を広げたように、束帯の左右の袖を広げ、両足をつっぱって、

「やれ、牛こでい、やれ牛こでい、やれやれやれやれ!」

と叫び続けた。律児《こんでい》とは、中間、足軽の総称であるので、「牛こでい」とは牛飼童を呼んでいるのである。木曽地方では牛飼のことを、子牛こでいと呼ぶのが一般的であったというから、義仲はこの用語をくり返したのであるが、京の牛飼童には通じなかったのであろうか。牛車は七町(七六四メートル)あまり走って、義仲は汗だくになりながら、なんとか起きあがっていた。

供奉の郎等《ろうどう》たちが追いついて、牛飼童をしかりつけた。

「やれ、牛こでい、なんで牛を走らせるのだ!」

牛飼童は、「やれ、やれとおっしゃるので、初めて車に乗られて、おもしろさのあまり、『車をやれ』といわれているかと思って、走らせたのでございます」

と、ぬけぬけと答えた。やがて、車は院の御所に着き、牛飼は牛を車からはずした。義仲は後ろから

降りようとしたので、京で雇った従者が言葉をはさんだ。

「お車は、乗るときは後ろから、降りる時は前からというのが、きまりでございます」

「ばかなことを申すな。たとえ車だとて、素通りしてよいものか、京の者は礼儀を知らぬとみえる」

義仲は笑って、そのまま後ろから降りてしまった。

こんな義仲の田舎者ぶりを、法皇をはじめ貴族や京の町の人々は、「木曽の山猿」と呼んでさげすんだ。

この話は平宗盛らを都落ちさせた義仲に対する、牛飼童のしっぺ返しの展開である。大きな戦乱の直後は、意外なところに、敵対者の残党が存在していることがわかっておもしろい。話の中味を義仲の育った木曽の言葉とからませたり、車の乗降方式は義仲流の方法で解釈を貫いているところが、変動期の京都らしいあり方である。「郷に入らば郷に従え」とはいうが、変動期の文化は微妙に変化を始めていたといえる。

二　鎌倉・室町時代

『吾妻鏡』

この史書は、治承四年（一一八〇）の源頼政挙兵から六代将軍宗尊《むねたか》親王の帰京に至る八七年間の武

表12 『吾妻鏡』にみる鎌倉将軍の牛車使用記述数（文献３章32）

代	氏名	在位	鶴岡八幡宮		寺院	御所	家臣邸	京都				計
			参詣	放生会				参内	公卿	寺社	他	
1	源　頼朝	7						4	1	4	1	10
2	源　頼家	4	3	2								5
3	源　実朝	16	7	1	4							12
4	藤原頼経	25	12	4	7	4	2	2	2	2		35
5	藤原頼嗣	7	5	5								10
6	藤原宗尊	13	10	5	2	4	2					23
	計		37	17	13	8	4	6	3	6	1	95

家記録である。ここに出てくる牛車の記事を中心に、乗用具の特色をさぐってみたい。

　鎌倉時代は勇壮な武士政権の時代であるので、この時代を代表する乗用具は俊敏な騎馬であった。源頼朝は建久元年（一一九〇）一一月七日、京都の人たちが注目するなか騎馬の大行列で入洛した。大路には物見車も出て、後白河法皇も密かに牛車で見学したという。

　頼朝は六波羅の新亭を拠点として、参内するとともに、石清水神社、清水寺などへ車で参詣している。とくに、右大将に叙任された拝賀の参内では、院から下された毛車と廂《ひさし》車に、束帯・直衣姿でのぞんでいる。このときの路次行列をみると、

①居飼が二列四人、次に舎人が二列四人と、院の御厩舎人
②一員（府生・将曹・廳官・将監が束帯で馬）
③前駈笠持と前駈一〇人の北面の衆など
④番長奉兼平（従者八人）
⑤頼朝の御車（車副二人、白張、牛車—赤色の山吹の衣、榻《しじ》を持つ。
　院の牛飼、黄の単。院の黒斑牛）、随身一人が御剱を持ち、あ

と二人が直衣、折烏帽子で御車の左右に立つ
⑥次に近衛五人、雑色七人、笠雨皮持と侍七人
⑦次に扈従の公卿、一条衛督、西園寺公経朝臣が毛車
⑧御調度懸、随兵七騎
院からの牛車や人材派遣の協力を得て、伝統にのっとった華麗な公卿の扈従牛車と武士の騎馬が前後をかためる行列編成であった。中心である頼朝の牛車の左右には御剱を帯して烏帽子・直衣姿の糟屋藤太有季ら三人の随身が固めている。車副二人が黒斑点の牛を遣り、白張と牛飼童が榻《しじ》を持って従っている。ゆったりと進む二列で九〇人程の路次行列である。

そして、帰国に際して、所有する三輌のうち毛車二輌を鎌倉へ送ることにし、近江国の疋夫に依頼している。鎌倉幕府を成立させた後の建久六年（一一九五）の上洛後は、平安京内ばかりでなく、東大寺や天王寺に出向するとともに、若公や御台所も乗車し、女房の出車《いだしぐるま》も使って、牛車を積極的に使用している。しかし、鎌倉においての頼朝の牛車使用の記事は見られない。

及川大渓『吾妻鏡索引』を参照して、車についての記載内容をまとめたものが、表12である。これによると牛車に乗る人は、将軍、尼台所、御台所、女房、高僧のごく一部の高位の人に限られている。鎌倉での使用事由は、鶴岡八幡宮参詣が最も多く、次いで同所での放生会、主要寺院での供養や棟上式、御所、家臣邸訪問などである。

歴代将軍別でみると、初代頼朝は京都とその周辺で使用しており、二代頼家は京で父と同車して参

内するとともに、鎌倉でも使用している。また、尼御台（政子）と御台も御車で鶴岡八幡宮へ参詣している。三代実朝は車を多用し鶴岡八幡宮へ七回と永福寺供養などへ出向している。建保六年（一二一八）六月二一日、大将昇任祝いのため、勅使が下向して、疋夫ともに運んできた院の調度である御車、装束をはじめ、御拝賀料を鎌倉の御所に搬入した。車は檳榔毛車と半蔀《はじとみ》車の高級仕様の二輌であった。そして、六月二七日に、将軍家の拝賀のため鶴岡八幡宮に盛大な行列で参向した。尼御所や御台所が、車を橋の西に立てて、見物している。

建保六年（一二一八）一二月二一日には、実朝が大臣就任を祝う調度として、新装束と御車などが仙洞（後鳥羽上皇）から届けられて、年明けの拝賀の儀の準備が本格化していく。そして、当日の一月二七日は夜に入って雪が六〇センチも積もる運命の日となった。行列は騎兵一〇〇〇騎にものぼる盛大なもので、実朝は檳榔毛車に乗り、車副の白張四人と牛飼童が牛を制御した。そして、車脇を随兵二人と随身一〇人が固め、その次に雑色二〇人と検非違使の一団が続いていた。鶴岡に到着し、儀式も無事終って、ようやく退去するころ、当宮の別当阿闍梨公暁《くぎょう》が、石階《いしばし》の際《きわ》にまちぶせ、剱を取って実朝に切りかかるという惨事が起きた。公暁は前将軍頼家の遺児で、「親のかたき」と叫んで殺したと伝えられている。この後は、尼将軍政子が、北条泰時の補佐でつなぐとともに、六月には四代頼《より》経《つね》（二歳）を迎えた。九条道家の子で、母系が頼朝につながる藤原将軍の初代である。

安貞二年（一二二七）七月二九日に、新調の御車が京都から到着したので、これを車宿におさめた。新車の使用始め日時の審議は陰陽師にゆだねて慎重に占われるのが慣例である。今回は八月五日から使い始め、八月一五日の放生会に将軍家御出の儀で使われている。また、寛喜三年（一二三一）七月九日には頼経の御台所の新車始めの儀が、駿河（三浦）前司義村宅で行われることになり、駿州（義村）は、経営善を尽し、美を尽して準備している。そして、将軍家を車で迎えるとともに要人が来所し、「伶人ならびに舞人等を召して、終日御遊興」という華やかな会が催されている。新しい車を使い始めるのは、身分や権威の象徴であり、特別の意味があったことがわかる。

鎌倉将軍の上階のお祝いに、京都から新調車が送られることがあり、鎌倉の牛車も充実してきた。四代頼経以降は、式正では車が主流の乗用具となり、輿や馬の比率は低くなっている。歴代将軍で車使用の多い年中行事のうち、鶴岡八幡宮参拝と放生会について、その状況をみてみたい。

五代頼嗣は建長三年（一二五一）一月一一日、鶴岡八幡宮に行列を組んで参拝している。

①まず、諸大夫八人
②次に、殿上人一〇人
③次に、御車（将軍が束帯で剱、笏を携えて、網代車に乗車）、車副、牛と牛飼童
④車脇に、随身が一二人、直垂で帯剱して車の左右を警固して歩行
⑤次に、御剱の役人、御調度懸
⑥御後の供奉人一九人が二列で、布衣、下括《したくくり》（指貫の袖口をたわめてふくらかして、足首で締めくくる）姿で続く。

将軍の車を中心として、行列の前後を家臣や殿上人が供奉する六〇人ほどの堂々たる編成である。

六代宗尊は弘長三年（一二六三）八月一五日に鶴岡放生会に出立した。放生会は捕えた鳥や魚などの生物を山川に放って、供養する仏教的儀式である。京都の石清水八幡宮とともに著名である。まず、中御所（宰子）が御出になり、供奉人（布衣、帯剱）六人とその後に随身一〇人（布衣、下括）が従い、その次に将軍が御出になり、供奉人が続く。そして、次のような行列を組んでいる。

①先陣の随兵一一人
②次に諸大夫
③次に殿上人、公卿
④次に御車
⑤車脇に、随兵一二人、直垂を著し、帯剱して御車の左右に候す。
⑥御後一五人
⑦次に後陣の随兵一〇人
⑧官人

行列の規模や編制は二つの事例ともほぼ似ており、鎌倉御所から若宮大路を通って鶴岡八幡宮へ通じるメインストリートは広く、牛車の行列が往来する通路として整備されていた。

以上から鎌倉時代の乗用具の特色をまとめてみると、鎌倉幕府の将軍家は式正の行事は牛車と輿、家臣の武士層は騎馬、庶民は歩行であった。そして、政治経済文化の中心である鎌倉は、設立当初は防御を配慮した要塞都市であったが、安定してからは、京都文化も導入して東の首都としてグレードアップした。陸上交通手段では、輿や牛車を導入し、若宮大路等を整備して車の通行が円滑に行えるようにしている。

鎌倉と京都を結ぶ道中は輿に乗り、入洛では馬にまたがり、多くの騎馬隊を従えた大行列であった。京都での往来は牛車が基本であった。つまり、将軍家の乗り物は、平安時代以来の貴族の乗り物に準じた使用であった。しかし、在京の武士については、車使用を厳しく制限する政策をとっており、延応二年（一二四〇）と弘長元年（一二六一）の「式目追加」で通達している。後者は、

一　在京武士乗ㇾ車㆓横行路中㆒事

可㆓停止㆒之由、領下知先畢、而近年多違犯之由㆓基聞㆒、仰㆓六波羅㆒、可ㇾ令㆓禁制㆒也

と定められている。鎌倉で車を使用するのは将軍家と高僧など極めて限定された人だけであったのに対して、京都では貴族などが相当幅広く使用していたため、後家人も車を利用するようになったのである。これに対して、鎌倉幕府は法で武士の乗車を停止する措置をとったのであり、公家に言及したわけではない。

『一遍上人絵伝』

一遍上人（一二三九～八九）は、鎌倉時代中期の時宗開祖で、人々に念仏を奨励し、ことに念仏踊

図35　踊り屋での一遍上人（『一遍上人絵伝』より．文献２章３）

りを民衆に勧めて、全国を遊行し、浄土教を大衆文化にした。この絵伝は門弟聖戒の詞、法眼円伊の絵で、正安元年（一二九九）に完成したといわれる。

この絵伝には遊行先の景観と風俗が詳細に描かれており、当時の社会生活を視覚的にうかがうことができる貴重な資料である。多くの要素のなかで、乗用具に注目すると、輿、牛車、小車が確認できる。輿は六ヵ所で広域であるのに対し、牛車は京都と薩摩の二ヵ所と少なく、平安京に集中している。このうち、四条の釈迦堂と市場道場の図について読み取ってみたい。

釈迦堂（中京区新京極通四条上ル中之町）は、民家が密集する町中にあり、まわりに築地をめぐらし、門は二本の角柱と角材の貫《ぬき》を渡した簡素な造りである。正面が本堂で、この前の境内中央に踊り屋が設けられ、その周囲にいくつもの板屋が軒をつらねている。

踊り屋は二間四方の切妻造りの板屋で、中には踊り念仏をする僧たちが満ちている。弘安七年（一二八四）閏四月一六日、一遍はここで踊り念仏を興行した。評判を聞いて押し寄せた群衆が、踊り屋の周囲の狭い通路にひしめき合い、立錐の余地もない大にぎわいになっている。救いを求めて参集した人たちの状況について詞書では、「貴賤上下群をなして、人はかへり見る事あたわず、車はめぐらすことをえざりき」と大混雑の様相を活写している。

牛車は一一輌も集中しており、八葉車が六輌と上葺に雲形文様などが華やかな文車《もんのくるま》が五輌である。車の状況をみると、駐車しているのが九輌で、うち三輌が踊り屋の方を向き、簾を上げて、踊り念仏を見物している。あとの六輌は、物見の方向から判断すると、踊り屋に対して後ろ、横や斜め向きであることから、ここに駐車して、板屋に移ったのであろう。そこで、酒を飲みながらごちそうを食べ、ゆったりと踊り念仏のリズムを味わったのである。左下の板屋は高貴な一家の桟敷であろうか、酒を入れた太鼓樽と土器《かわらけ》、妻女の姿、左の部屋には屏風を立てるという豪勢さである。このころになると、貴族層の人たちの帰依も増え、踊り屋の周囲に桟敷が立ち並び、人々が念仏踊りをショーとして楽しむようになった。これほどの牛車が集中している光景は他に例がなく、この時期の京都の踊り念仏の熱気が伝わってくる。踊り念仏は人々を各種の苦しみから救済する宗教儀式として、貴賤上下の区別なく支持を拡大していったのである。

天竜寺供養

南北朝時代の政務を記述した洞院公賢《とういんきんかた》の日記『園太暦《えんたいりゃく》』を読むと、天龍寺供養の記載が目立っている。この寺院は足利尊氏・直善が後醍醐天皇の冥福を祈るために、暦応二年（一三三九）に創建した。貞和元年（一三四五）八月二五日、後醍醐天皇の七年忌と天龍寺開堂法会の落慶供養会が盛大に催された。『園太暦』には、「天下之壮観朝より見物の貴賤道路に充満す」とあり、『太平記』二四巻には、「将軍（尊氏）ならびに左兵衛督《かみ》（直義）路次の行粧を調へて、天龍寺へ参詣せられたり。貴賤岐《ちまた》に充《みち》満《みち》て、僧俗かしこに群をなす。前代未聞の壮観なり」としている。そして、路次行列は次のようであった。

①侍所　山名伊豆守時氏らと兵五〇〇余騎
②先陣随兵　武田伊豆守前司信氏ら一二騎、糸毛の冑《よろい》、烏帽子懸
③帯刀《たてわき》にて武田伊豆四郎らの直垂武将一六人　二行
④正二位大納言征夷大将軍源朝臣尊氏卿　八葉車の鮮やかなるに、簾を高く揚げ、衣冠を正して乗る。三条殿御車がこれに連なる。
⑤後陣の帯刀、設楽五郎兵衛門尉ら一六人
⑥参議正三位源朝臣直義　小八葉車、巻纓《けんえい》の老懸《おいかけ》に蒔絵の細太刀を帯《は》いて、簾を揚げられず。
⑦役人（御剱、御沓、御調度、御笠の役）　将軍と三条殿の各担当四人ずつ、布衣、上括
⑧院蔵人ら重臣六人、布衣、下括、半靴

⑨後陣の随兵　一〇人、戎衣《よろいひたたれ》、甲冑
⑩後陣随兵　三二人、直垂著《ぎ》
⑪足利氏の諸大夫　外様の大名、警護役、帯刀役の武士、役人など

このほかに公卿、殿上人、勅使、院司らは将軍の陣所に参上して、法会に参加している。この盛儀な行列は、『天龍寺供養日記』に、「今日之儀、大略、建久九年（一一九六）鎌倉右大将家の東大寺供養の儀を模され」とあり、この行列が源頼朝を意識して幕府の威光を万民に示すため、武家を総動員した華麗な示威行為であったことがうかがえる。

しかし、臨幸を仰ぐはずであった光厳上皇の行列は、延暦寺衆徒の嗷訴でこの日は中止となった。そして、翌日、花園、光厳の両上皇が御幸された。寺の周辺は見物の人たちでいっぱいであった。『太平記』では車での到着の様子について、「お車が天龍寺の正面に到着したので、そこで牛を車から離して、手で境内に引き入れた。御牛飼七人は、みな持明院にお仕えした者たちで、綱さばきの名人たちであった。中でも松一丸は巧みな牛車遣いで、水干、袴姿で、綾絹・蒲絹を裁ってつくった衣には、金銀をはめ込んでいた。上皇は御簾を揚げて、見物の人々を御覧になった。生練貫《きねりぬき》のお召物の上に、雲を描いた織模様の単《ひとえ》の御直衣を着て、薄色の御指貫をお召しになっていた」と描写し、これに続いて、公卿、殿上人たちが続々と参着するとともに、夢窓国師以下も入堂して法会が開始されたのである。

室町将軍の出行

京都に本拠を置いた室町幕府は、武家であるが貴族の有職故実に即した儀礼で行事への出行を行っている。二木謙一「足利将軍の出行と乗物」と日高真吾「女乗物」などを参照して、この時代の牛車使用についてみて行きたい。

『園太暦』の貞和元年（一三四五）八月二九日の条には、足利尊氏らは天龍寺供養に際し、前駆や先陣の随兵らを先行させ、八葉車に乗って、雑色、布衣らを従えて出行している。

『宝篋院宣下記』の延文三年（一三五八）一二月二二日祭の行列記事に、

> 一其次ニ御車。牛二疋。御牛飼六人。
> 　御車御跡左右供奉歩行十五人組。布衣也。
> 一其次ニ輿。将軍御連枝鎌倉殿也。参議従三位兼左馬頭源基氏。
> 一其次ニ輿。武衛也。斯波中務大輔左兵衛督兼武衛守源義縄。又足利トモ名乗也。

とあり、二代将軍足利義詮《よしあき》が牛車を使用し、鎌倉公方の足利基氏、管領家の斯波《しば》義縄が輿に乗っている。将軍だけが牛車を使い、これに次ぐ二人が腰輿を用い、そのほかの武将はいずれも騎馬である。牛車は将軍が使用する最上位の乗用具であったことがわかる。

三代将軍義満は、就任当初は年少で身位も高くなかったためか、輿での出行が多かった。しかし、

表13　足利義満の出行（文献3章50）

年代（西暦）月日	目　的	装　束	乗　物	備　考
康暦元年（1379）7月25日	右大将拝賀		車	車副2人・随身召具
康暦2年（1380）正月20日	直衣始	直衣	半蔀車	車副2人・随身召具
康暦2年（1380）12月25日	極位拝賀		車	車副4人・随身召具
永徳元年（1381）正月7日	白馬節会		毛車	車副4人・随身召具
永徳元年（1381）正月13日	年始参内	直衣	八葉車	随身召具
永徳元年（1381）8月3日	内大臣直衣始	直衣	半蔀車	随身召具
至徳2年（1385）8月28日	南都参詣	小直衣	四方輿	公卿4人・殿上人10人
明徳2年（1391）正月28日	八幡社参		輿	力者3手
明徳2年（1391）9月15日	南都社参	子直衣	庇四方輿	力者3手18人
明徳3年（1392）8月28日	相国寺供養	束帯	唐庇車	車副6人・随身召具
明徳4年（1393）8月15日	石清水放生会	束帯	毛車	随身召具
応永元年（1394）9月11日	日吉社参	狩衣	庇四方輿	力者18人
応永2年（1395）正月7日	太政大臣直衣始	直衣	唐庇車	
応永6年（1399）9月15日	相国寺塔供養	赤色御衣	唐庇車	車副8人・関白前行
応永8年（1401）5月13日	日吉社参籠		輿	御供10騎

昇格とともに、牛車と四方輿になる。出行が多く見られる康暦元年（一三七九）から応永八年（一四〇一）における出行状況は表13の通りである。これによると、官位の拝賀、直衣始、節会での参内などの式正儀礼への出行は、衣冠束帯で行列を整えて牛車を使用している。そして、洛外諸社寺への参詣や私的な出行には、役人たちと二〇名前後の近習、数名の馬打を供奉して腰輿を用いている。

八代義政は参内などの式正儀礼に牛車を用いただけ

でなく、勧進猿楽、花見、諸社寺参詣にも牛車を使い、華麗な行装での出行が注目された。輿は洛外や伊勢参宮などの遠出の際に限られていた。

足利将軍の相続問題をきっかけに、応仁元年（一四六七）に応仁の乱が起こり、東軍の細川勝元、西軍の山名宗全の両陣営が京都を中心に激しい戦闘を展開したため、平安京は焼土と化した。この影響で以後幕府は衰微し、群雄割拠の戦国時代への幕明けとなった。しかし、それでも、九代義尚（一四七三〜八九）までは、内実はともかく、出行の乗用具は乱前の状況を継承していた。『親長《ちかなが》卿記』の文明一〇年（一四七八）正月一一日、義政・義尚父子の年始参内では、殿上人、番頭などを従えて八葉車に同車している。翌年も父子は正月一二日に衣冠束帯で同車し、殿上前駈、番頭、車副、牛飼以下を召し具して参内している。ただし、この時の番頭以下の召具は、公家から借り受けたもので、『兼顕《かねあき》卿記』の同日条に、「番頭六人、千八百疋各参百疋宛　御牛飼御遣手、五百疋　御牛飼五人、千五百疋各参百疋宛」とある。将軍の出行に際して、そのつど官位身分にふさわしい行装を整えるために召具と人を代金を払って公家から借用していたのである。一回の出行に要する費用が「五千疋」といわれることから、牛車を使った行列の体面を整えることは経済的に大きな負担であった。

義尚は長享元年（一四八七）正月二五日の直衣始には、新調した半蔀《はじとみ》車に乗り、扈従の公卿・殿上人八人がそれぞれ毛車、八葉車、文車《もんのくるま》で従っている。しかし、このころの公家社会では、経済的困難から牛車を所有できなくなった諸家が多くなっていた。『宣胤《のぶたね》卿記』の長享三年（一四八九）正月一〇日条の東山殿（足利義政）の参賀の状況をみると、「乱来摂家清華、皆以乗㆓板輿㆒、不㆑及㆓車之沙汰一。輿所持方、尚以希也。末代作法可レ悲也」とあり、応仁の乱後、摂家・清華の高位の公卿でも、牛車が整えられず板輿を用いる者が多かった。このため出行に指名されたときは、他家から借用して間に合わせていたのである。

足利将軍家においても、一〇代義材《よしき》（一四九〇〜九三）になると、乗車はみられず輿のみの出行になっている。続く一一代以降も乗車の記録はみられない。

牛車の衰退

武士の時代に入って、貴族は財政的に次第に逼迫してきたことが影響して、牛車は一四世紀ころから、だんだんすたれてきた。高価な牛車を整え、牛飼童を雇って、牛を飼育することは相当な負担である。応仁の乱前までは、年賀での参内には、摂家・清華など高位の貴族はことごとく牛車を使ったが、一五世紀末のころは、「今ことごとく板輿なり」と変化してきた。平安初期から公家の象徴的な乗用具として使われてきた牛車は、調達が困難になる貴族が大部分になっている。もともと自前の牛車や召具の少ない武家はなおさらであった。そして、牛車は腰輿で代用され、牛飼童たちは車力や車借に転業し、牛は農耕や荷車で活躍するようになっていくのである。

三　安土桃山時代・江戸時代

聚楽第行幸

一〇代義材以後、ほとんど姿を消していた牛車は、一〇〇年ぶりに豊臣秀吉によって再興される。この時代に来日していたイエズス会の宣教師が著した『日本教会史』には、

天下殿や、昔、公家および王国の高官が公式の荘重な訪問に使った飾車すなわち儀装車は、昔国外から来た一定種類の牛で、普通の牛よりはるかに大きい黒牛が牽く。その牛の角を金で飾り、脚には濃紅色の絹の縒糸で造った短靴をはかせ、公の役目にある馭者（牛飼）がつく。現在では、天下殿が国王を正式に訪問する時の公式の儀式にだけ用いるのであって、われわれはそれを数回見たことがある。

と記しており、秀吉が国王（天皇）を訪問するときに、牛車が使われていたことがわかる。秀吉が天正一三年（一五八五）関白になり、同一六年（一五八八）に聚楽第行幸を実現した。この行事を盛大に行うために、諸家の古き記録故実などを調査するとともに、牛車を新調している。『義演准后日記《ぎえんじゅごうにっき》』の文禄五年（一五九六）正月一一日条に、

図36　「聚楽第行幸図」（文献３章54）

車事　先年平信長不慮昇進故、南都大乗院ノ車ヲ本トシテ被レ作、不レ及二乗車一。彼郷生害之時焼失了。其後、太閤秀吉天下平均之後、又大乗院ノ車ヲ被二借渡一、所司代玄以法印奉行トシテ作レ之。聚楽亭行幸之時、太閤初テ乗車、供奉被レ申了。尤再興希有之次第也。其後関白秀次毛車以下諸家へ被尋、悉被レ作レ之。于レ今聚楽ニ在レ之。但太閤御一人ノ外ハ、乗ヘキ事トモ、当時諸人不レ知。仍、親王ト云一人《イチノヒト》ト云。乗車アル貴種無レ之。零落可レ謂二無念一

とあり、秀吉は聚楽第行幸で牛車を再興してはじめて乗車した。天正一六年四月一四日、秀吉は禁裏まで後陽成天皇を迎えに出て、出立を見送り、行列に加わった。禁裏から聚楽第まで一五町（約一六〇〇メートル）ほどを六〇〇〇人余の大行

列が厳粛に進んだ。先頭は聚楽第に到着しても、後尾はなお禁裏にある長い行列であったという。行列は准后・女御らの御輿、親王と公卿、前駆の殿上人、近衛官人、伶人、天皇の鳳輦、役人と公卿の次に関白秀吉が前駆、随身を従えて牛車で進む。『聚楽第行幸記』から、牛車に関する部分をみると、「牽替牛二疋、しぢもちしぎもち両人、牛童両人。髪を下、まゆをつくり。赤装束、水干也。牛車紅絹に縫して着レ之。頭懸レ面、両角以二金箔一濃レ之。沓はあさぎの糸をもて織レ之。紅・緒をもて着レ之。御舎人御車副左右にあり」と記述している。牛車は紅絹で飾り、牛の角を金箔にし、赤装束の牛飼がこれをあやつるという華やかな行装であった。秀吉は、御車で四足門へ入って、御車寄せでおりて、先に到着している天皇の御前に急いでいる。その後、秀吉はこの新調の牛車を、参内や家臣邸訪問に使用し、秀頼、前田利家、乳母らを同車させることもあった。この期に復活させた牛車は、平安時代の法量ではなく、いわゆる御所車と呼ばれる大型の牛車で、現代の葵祭で使用されているものの系統である。

田中保「絵巻物のなかに描かれている牛車の表現」に、京都御所の葵祭牛車二輌の採寸調査の資料が掲載されている（一一五頁図31参照）。大車は車箱の縦三三一センチ、横二一〇センチ、高さ一六九センチ、車箱の中は畳三畳ほどの広さを大人が立って歩けるほど広く、車輪の直径は二一〇センチと大人の平均身長よりはるかに高い巨大さである。だからこれに乗車するには榻《しじ》ではなく、桟《はしだて》（短いはしご）が必要であった。そして、重量もあるので、牽引する牛は一疋でなく、二〜三疋にすることも必要になったのである。

図37　「東福門院入内図」（文献２章25）

東福門院入内《にゅうない》行列

徳川幕府の二代将軍秀忠の娘和子《まさこ》が、後水尾天皇の女御《にょうご》として、元和六年（一六二〇）六月一八日に入内したときの行列図がいくつか伝わっている。二条城から内裏へ向かう盛大な行列は、入内に先立ってまず、長持、貝桶、装束唐櫃などのおびただしい数の道具類が行き、次に、局《つぼね》以下の上臈が乗る長柄輿、中臈以下の女房が乗る長柄切（駕籠）が七六挺続いた。この日の午後から本隊の華麗な行列が繰り出された。先頭は警蹕を発しながら進み、四五人の楽人が笙や笛、太鼓で路楽を奏しながら行き、次に前駆の殿上人、武将が騎馬で進み、次に行列の中心である和子が乗る華麗な牛車と御供車が六輛従っている。その後に九条関白の塗輿、左大臣らの輿、清華の公卿たちの騎馬が進み、そして、諸司、警衛など総勢数千人が歩行で続いたという。

新出の『洛中洛外図屛風』（青幻社、二〇〇七）は、徳川和子の入内光景を主題にして鮮明に描写されているのが貴重である。左隻では、二条城東御門から堀川通りを北上する牛車群が詳細に描かれている。和子が乗る二頭牽きの牛車は、ひときわ大型で華麗である。この車は金銀梨地高蒔絵で全体が車装されており、金端の車輪、唐破風の屋根と車箱の側面に葵文様が多彩な色で散らされており、紫糸毛白絹の下簾を配している。車脇には童姿の牛飼、布衣の車副、烏帽子の随身、退紅、榻持《しじ》などが紅、緑、白など明るい色調の服装で周囲を取りまいている。その後には、それぞれ牛一頭に牽《ひ》かれた六輌の牛車が続く。これには、あかしの局、ややの局などの女性たちが二〜三人ずつ乗っている。

この婚礼行列は幕府が朝廷との融合をねらっての盛儀であった。使われた乗用具は、武家では珍しい牛車を最上級で使い、次いで、輿、騎馬、駕籠が用いられ、日本の各階層の乗り物が総動員されている。

和宮降嫁行列

和宮降嫁の行列は、「前代未聞」「空前絶後」などの用語で、驚きをもって伝えられた最大規模の行列であった。公武一和の証《あかし》として、孝明天皇の皇妹・和宮が江戸幕府一四代将軍の徳川家茂に嫁するための参向である。この行列には朝廷と幕府双方の示威的なねらいがこめられて、京方一万人、江戸方一万五〇〇〇人という多くが行列に加わることになった。

和宮内親王は、文久元年（一八六一）一〇月二〇日、京都の桂離宮を出立した。先駆は京都町奉行関出雲守で、手勢を率いて騎馬で進み、次に北面の諸大夫や六位蔵人が駕籠、殿上人公卿が輿に乗って、それぞれの同勢に囲まれて続いた。そして、和宮が壮麗な青糸毛車に乗って進んだ。前後を数多くの女房衆が朱塗りの鋲打駕籠に乗って扈従している。

この後には朝廷側の権大納言中山忠能《ただやす》はじめ公卿殿上人の面々の輿、生母観行院や江戸からの迎えの上﨟らの駕籠、武家伝奏広瀬中納言らの輿、江戸幕府の迎えの中心である若年寄加納遠江守らの武家が騎馬で進んでいる。これらの間には、歌書櫃、和琴櫃など数百棹の調度品が赤色の油単をかけられて、華やかさを伝えながら人夫たちに担がれており、その華麗さに沿道の人々は目を見張ったことであろう。

「瓦版和宮様御降嫁役人附行列附」をみると、蛇行した行列には、供奉の人たち、三輛の牛車と御衣櫃や御水桶などの荷が描かれている。牛車に関する部分に注目すると、歩陣の後に、車副と牛飼が行き、牛のまわりを蔵人、舎人などが数多く固める。和宮の車は牛三頭牽きの青糸毛車で、車箱は陸屋根、隅丸の四角形、側面に物見はなく、全体が青を基調として絹糸で繊細に仕上げられ、要所に金色の唐草銹金物が打たれてアクセントになっている。前妻梁上の蟇股中央に菊の御紋が金色に輝いているのは特に印象的である。車輪にも周囲の要所と二八本の幅《や》の先に金物が付けられ、華やかさをかもし出している。車箱の大きさは桁行九尺二寸四分（二八〇センチ）、梁行五尺八寸一分（一七六センチ）、高さ五尺二寸（一五七センチ）で、車輪を加えた総高は一丈一尺三分（三一二センチ）で、総重量五五〇貫（二〇六二キロ）、御所車よりはやや小ぶりである。

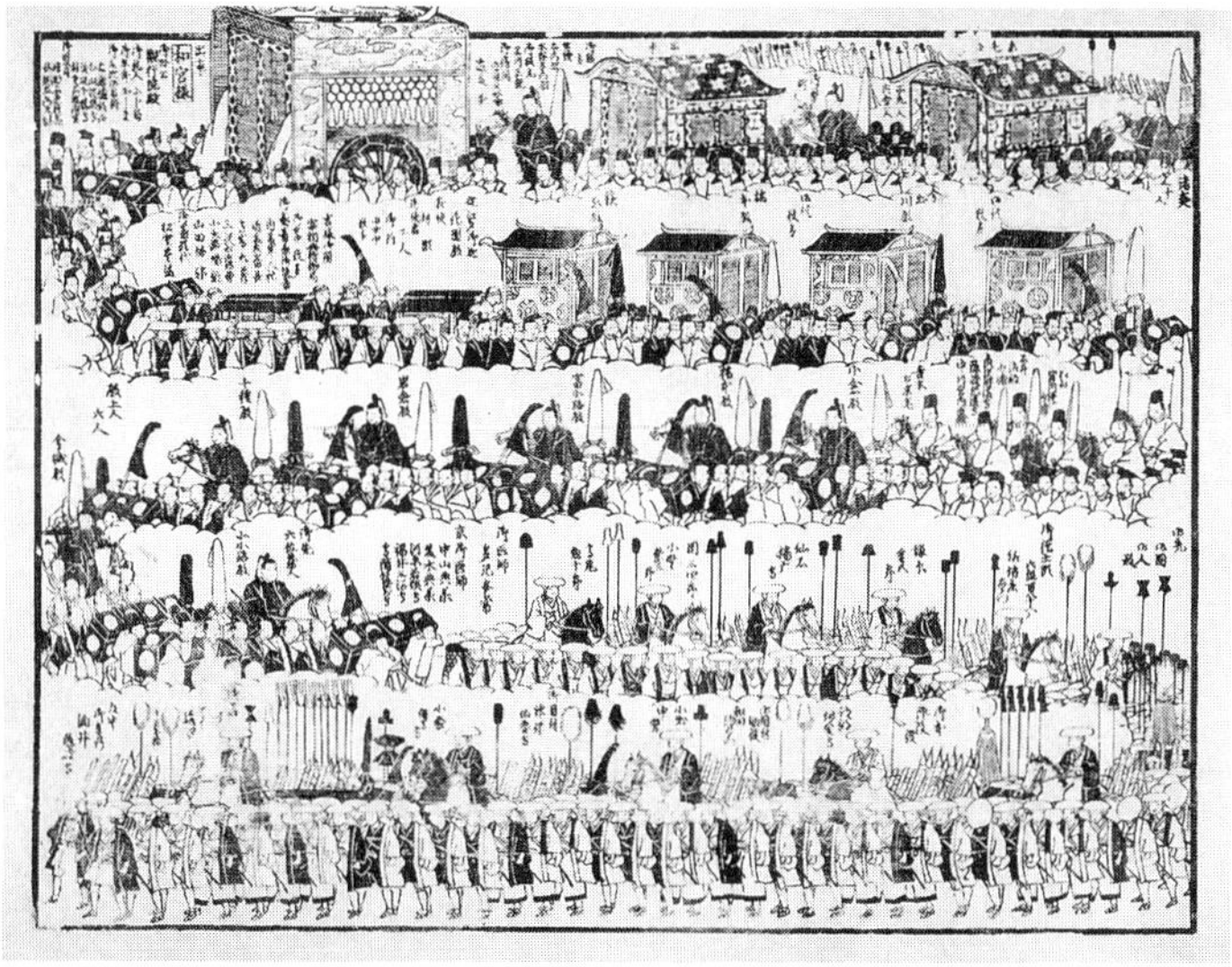

図38　和宮下向行列（文献 3 章59. 江戸東京博物館所蔵）

御車の後には、杖持、車大工が従って万一に備え、次に榻《しじ》持、桟《はしだて》持、雨皮持が続き、その後に牽替牛が行く。これをみると、牛車の運行は、牛、牛飼童、車副、車、車備品持、車大工などが一体となって行われていることがわかる。青糸毛車のほかには、紫糸毛車と唐花極彩色模様を屋根と側面に散らした八葉車が続いている。

　京都から大津宿まで牛車で進んだ和宮らは、大津宿からの中山道中は輿に乗り替えた。牛車は分解され、運搬荷物に梱包されて、東海道筋を継立てされた。大垣宿（岐阜県）の記録では、和宮降嫁の荷物は道具八三個、長持三棹と多く、大きいものは、長さ九メートル、横三メートルのものがあり、特別の木組で支えて、七〇～八〇人で運んだという。荷物は一〇月二九日に江戸に到着し、江戸城北の丸で牛車を組み立てに入った。中山道の和宮一行は一一月一五日に清水邸に無事到着した。そして、一二月一一日に江戸城入城の儀があり、翌年の二月一一日に盛大な婚儀が挙行されたのである。江戸での牽牛は、当地の牛方で準備した。牽牛二五疋、替牛五疋を用意して大任を無事に果たしている。牛方たちは冥加のことなので、無賃で勤めることを申し出て許された。あとで、御褒美として白銀一〇枚が下されて感激している。

和宮降嫁行列の特色を乗用具に焦点をあててまとめると、

①使用されている乗用具は、奈良時代の輿、平安時代の牛車、鎌倉時代に主流の騎馬、江戸時代の駕籠の四種類であり、古代から近世までの日本を代表する乗り物がすべて継承されて集積している。

②乗用具の主な使用者は、牛車（和宮、女官）、輿（公卿）、駕籠（女藺、武家）、騎馬（武家）であり、このうち格づけの最も高いのは牛車で、使用輌数と使用場所（京都―大津、江戸）が限定的である。

③遠路の道中は輿と駕籠を用い、車輪に対応できる道路が整備されている地域でのみ牛車を使用している。

④一九世紀の欧米と比較すると、日本では車技術の利便性を長期間にわたってほとんど活用せず、もっぱら人力と馬に頼っていた。

⑤この行列は婚礼行列としては、日本で最大規模の行列であり、その中で乗用具を使えた人は参列者の一パーセントにもみたない。乗用具を使用できた人は特別高位の人に限られていた。

京都周辺の牛車・車石

この時代に牛車による運送が行われていた地域は、京都を中心に五畿内（山城、大和、河内、和泉、摂津）、江戸、横浜、鎌倉、仙台、駿府、箱館の七つの地域が確認できる。奈良・平安時代は畿内が中心であったが、重量資材運搬に牛車が威力を発揮するということで畿内の牛車が各地に伝えられた。

江戸時代になって、京都の牛車は、慶長一九年（一六一四）の大坂冬の陣で、輜重役を果たすことによって、畿内ばかりでなく、全国営業許可の特権を得た。京都での牛車組は、京車、伏見車、鳥羽車、嵯峨車などに分かれていた。牛車が利用された主な街道は、京津《けいしん》（山科）街道—大津、逢坂峠、山科、日岡峠、粟田口、京三条、伏見・竹田街道—東洞院七条、伏見京橋、鳥羽街道—淀、上鳥羽、京都九条である。これらの街道では、人が通る歩道とは別に牛車道が設けられていた。ここは花崗岩を使って路面が舗装され、牛車の運行を円滑にしていた。ここに埋め込まれた舗装石を車石と呼んでいる。長さ一二〇〜一四〇センチ、幅四〇〜六〇センチ、厚さ二五〜四〇センチの花崗岩を敷きつめて、幅一五センチ、深さ六〜一〇センチの溝が二本彫られ、牛車の車輪がはまるようになっていた。車石は溝のある軌道を形成していたのである。発掘された車石は大津文化会館の庭や滋賀県立図書館前などに復元されている。

三車線とも車道は単線の一方通行で、「午前は京都へ、午後は京都から」が原則であった。天明四年（一七八四）大津に出された駅伝取締令では、「出立刻限朝七つ（午前四時）、夜五つ（午後八時）とす」と定めている。そして、文政一三年（一八三〇）の京都関係車組年寄の車方取締誓約書には、「一、

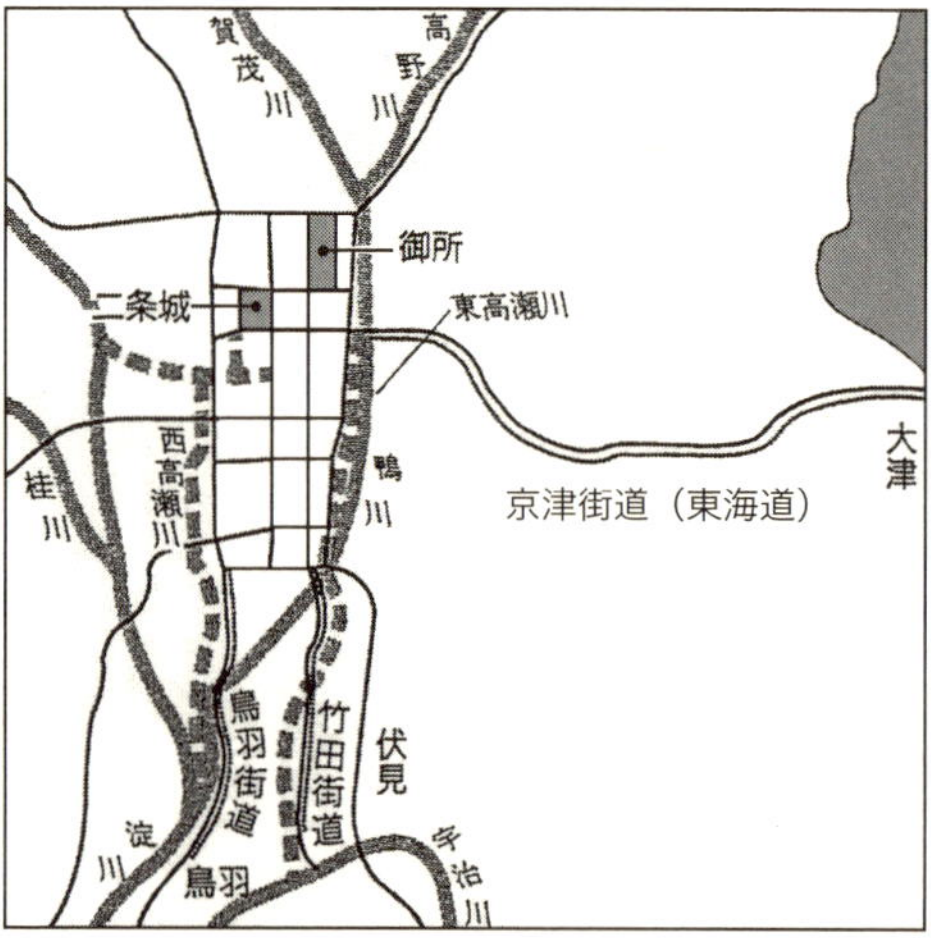

京都の陸運と水運の系統．東高瀬川（高瀬川）は1614年，西高瀬川は1863年開通．

図 39　車石敷設路図（寺尾宏二「車道・車石考——京都の牛車専用道路」『経済経営論叢』27–4, 1993年．文献 2 章 20）

仕舞車の入込むまで、博労町行違ひ場所に待合はせ、幟請取りたる上牽上ること。一、途中車ちかひせぬこと、車道外通らぬこと、一、定の道筋を通ること」と定めている。

車石が充実していたのは京津街道であった。ここは、古代から北陸をはじめ日本海沿岸の米を敦賀・小浜から琵琶湖を経て、大津に集荷して京都へ搬入する主要ルートであった。嘉永二年（一八四九）の場合、約五二万俵のうち四〇パーセントにあたる二〇万俵余が牛車で運ばれている。一輌に九俵ずつ積んで運ばれたのであるから、二万二〇〇〇輌にのぼり、一日平均約六〇輌になる。この間約三里（一二キロ）の運賃は、元文元年（一七三六）の場合、牛車は米九升五合で、現代の米の価格に換算すると五〇〇〇円余になる。

大津に集結する運送業者は、大津の馬借、京都の牛車、牛方や馬方、人による背負いの人たちで

表14　京都周辺の牛車（文献３章22）

組織名	傘下組村名	牛数（疋）	車数（輌）	牛持人数（人）	可動範囲
京組	三条組	39	50	12	洛中洛外，西嵯峨・東大津・南伏見・鳥羽筋六地蔵・北鷹峰車坂高野辺，近国
	四条組	98	111	29	同上
	九条村（京車組下）	32	32	25	洛中洛外，大津・伏見・鳥羽・横大路・嵯峨・賀茂・白川
京組外（鳥羽車）	東寺	42	42		大津・伏見を除く洛中洛外
	上鳥羽	106	106		同上
	塔森	12	12		同上
	久我村	6	6		同上
	下鳥羽村	87	87		同上
	横大路村	38	38		同上
京三条組（嵯峨車）	木辻村	1	1		伏見を除き，淀・大津方面
	鍛冶ヶ森	4	4		同上
	八軒村	2	2		同上
	山本村	1	1		同上
	川端村	37	37		同上
伏見車	竹田村	14	14		鳥羽を除き，京・大津・大仏・東山・北山鷹ヶ峰・紫竹・大徳寺境内，嵯峨
	中島村	11	11		同上
	芹川村	1	1		同上

出典）『京都御役所向大概覚書』

あった。大津の馬借と京都の車屋との間で荷をめぐる争いがあったため、宝永元年（一七〇四）に大津港に着いた商人俵物のうち、大津馬借が六割、京車と伏見車が四割を運ぶようにとの裁定が下されている。

正徳四年（一七一四）における牛数と車数は京組一六九疋、一九三輌で、「東は大津、西は嵯峨、南は伏見、北は鷹峯車坂高野辺」などの洛中洛外が稼働範囲であった。主な業務は登り米の運送と幕府御用で、上使や朝鮮通信使等の賓客来聘時の京津街道への竪砂御用、石州御運上銀の銀座から伏見までの運送、二条城破損時の御壁まぜ積届け、下行米・拝借米運送などである。いずれも砂、米、銀という重量物の運搬であり、これらには牛飼料が支給されていた。このほかに、洛中洛外で牛車稼ぎをしていたが、在方や宿駅の人馬稼ぎに次第におされて、幕府等からの拝借を重ねている。牛車で大量に運ぶ方法よりも、人馬で小分けして運ぶ方式に人気が出たのであろうか。

歌川広重の「東海道五十三次」（保永堂版）版画の大津には、逢坂越の街道風景が描かれている。左に名物「走井餅《はしりいもち》」を売る茶店と旅人たち。その店先から右の街道筋に三輛の牛車が連なって進んでいる。手前の牛車は米俵、後の二輛は真っ黒な薪炭を山積みしている。牛の背には、日除けの莚《むしろ》が支柱で取り付けられている。「木曽街道六十九次」の大津や「近江名所図屏風」にも牛車が描かれており、大津宿の風景には、牛車が欠かせない点景であったといえる。大津の市中に入ると車石の単線車道ははずされて、道路全面を覆う敷石のところもあり、牛車の通行が円滑になっていた。

重い牛車は橋があっても、通行禁止が原則であった。「伊勢参宮名所図会」の京都三条大橋の図を見ると、橋下の川の中を二輛の牛車が、東に向かって渡渉している。賀茂川へ下りる道、上る道は「京町絵図」には「車道」と記載され、賀茂川往来車道として位置づけられ、必要な管理がほどこされていた。

「東山名勝図絵」から京津街道の白川橋近辺の図をみると、牛車が列をつくって西に向かっている。

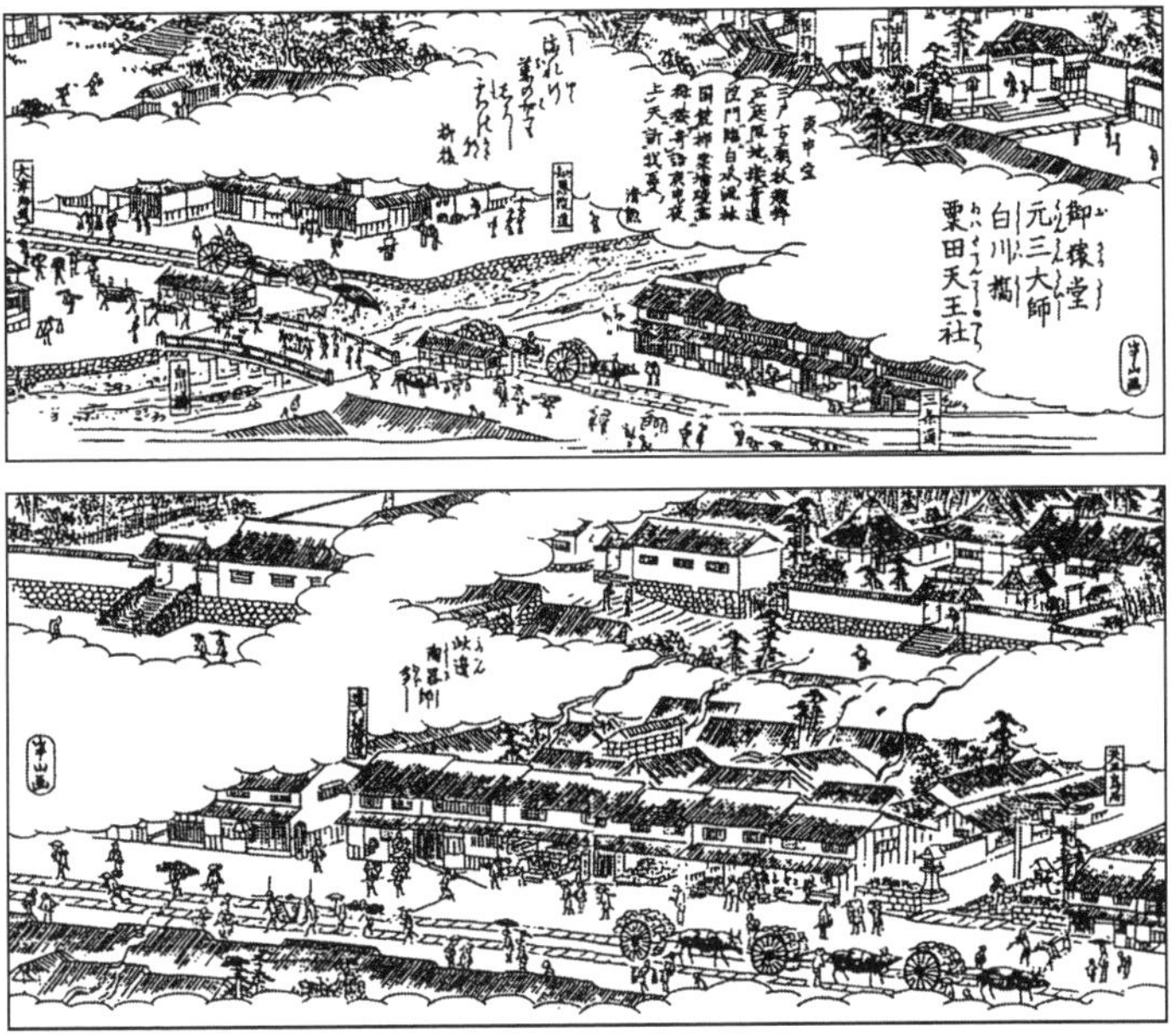

図40　牛車の路（上：白川橋近辺，下：良恩寺・仏光寺廟前，「東山名勝図絵　巻之一」より，文献 2 章 20）

車道の中央部を単線の車石が二列連なって走っている。川になると、橋上を避けて、河中へ下りて渡渉している。

　伏見車は、伏見―京都間の朝廷・幕府御用米輸送を行っていたが、高瀬川の開通で諸荷物が高瀬舟に奪われたので、大津からの米輸送に参加して経営維持をはかっていた。伏見道にかかわる町や村の四町村の車持家数は一九二軒あり、相当の規模である。伏見は人口二万五〇〇〇人余の大きな町であり、大坂への中継地点として栄えており、輸送の需要もあったと考えられる。

　京組外の鳥羽車は、鉄砲、材木、城米等の幕府御用を勤めるとともに、

図41　牛車の路（竹田街道.「都名所図会」より．文献３章59）

鳥羽街道を米穀や鮮魚類を中心に輸送しており、牛車数は二九一輌と多かった。鳥羽車は大津・伏見の荷物は扱えず、また、伏見車は鳥羽には入れないという地域別の制約のなかで、牛車稼ぎに励んだのである。

竹田街道は洛中の東洞院の南延長上にあり、伏見港まで約七キロメートルの行程で、現在の国道二四号線沿いである。絵図でみると、二輌の牛車が行き、その向うに、一段高い道があって旅人たちが歩いている。車道と歩道が区分されているのである。この道は伏見の港から都へ、毎日荷物を運ぶ産業道路である。牛には風通しのよい大きな日覆いをつけ、炎暑でも牛が疲れないように配慮している。また、盛夏には暑さを避けて、夜間に牛車を往来させていた。牛車の通路をみると、車石などは敷かれておらず、雨後なのかぬかるんだ泥道のようである。牛も前方を見て、足を高くあげて進んでいる。車の荷台に積荷はなく、牛飼いが牛沓を編んだり、寝ころがったりしてくつろいでいるので、帰路なのであろう。

このほかに、畿内での牛車利用で有名なのは御影石《みかげいし》（花崗岩）の運送である。この石は、石橋、建築物の礎石、鳥居、石仏、墓石などに適した加工しやすい石材である。摂津国（兵庫県）の武庫山から切り出し、麓の御影村で加工して、全国に出荷されていた。採掘する石は年々山の奥深いところになり、搬出に力の強い牛を使い、牛車での運送が中心になった。絵図では武庫山から切り出した石を牛車の荷台にのせて運んでいる。下を向いた黒牛が足をふんばって重い石材を懸命に牽いている雰囲気が漂っている。重量物をのせるように工夫した四車輪の荷車で、特別仕様車のように見える。

江戸と駿府の牛車

●牛車の招聘

江戸開府にともなって、城下町づくりが活気づいた。築城作業、町割りと街路、水路と橋梁の整備、大名屋敷建築などが続々と進められ、市街が拡大した。この大工事の資材運搬や引越に、牛車やこれを改造した人力荷車が増加した。寛永一一年（一六三四）、江戸幕府の菩提寺である増上寺安国殿普請に、京都から牛車と車遣い、車大工らが呼び寄せられて、重量物の運搬に威力を発揮した。また、同一三年（一六三六）には、江戸城修築での牛込見附、市ヶ谷見附の土橋普請や外濠整備に、京都四条車町の牛屋木村清兵衛らが呼ばれ、市ヶ谷八幡前に四町余の牛小屋場を設けて、材木、石材などを運ぶ拠点にした。この工事終了後、牛車関係者の頭領が評定所に呼ばれ、続いて江戸に残ることを要

図42　高輪牛町の図（「江戸名所図会」より．文献３章22）

請された。そして、同一六年（一六三九）、寺社奉行、町奉行、勘定奉行立合いのうえ、上高輪の原野四町余を拝借することになった。これが芝車町で、俗に牛町と呼んでいるところである。ここは、諸国から江戸へ船で荷物を運ぶのに都合のよい場所で、ここの牛置場が物流基地となって、市中の各問屋へ運ばれていった。ここには物揚場や長さ二〇〇間程（三六〇メートル）、幅三間程（五・四メートル）の広いところには往還広場海手地所が設けられていた。ここは商売人が銘々、各地先に商売の荷物を積み置いたり、葦簾《よしず》張りに腰掛や水屋をつくって休憩所にしたりして活用していた。明暦三年（一六五七）の大火後、火除地となった江戸橋広小路には、商床《あきないどこ》見世《みせ》が建ち並び、牛置場（二四五坪）もあった。

当初ここを拝借したのは、名主四郎右衛門をはじめ三八人、牛数は六〇〇疋であった。その後、

表15　牛持・牛数の変遷（文献3章22）

年代（西暦）	牛持(人)	車数(輛)	牛数(疋)	働牛(疋)	雑水牛(疋)	老牛(疋)
寛永（1624–43）	38		600			
貞享（1684–87）	18		250			
正徳　元（1711）	8		271			
享保　11(1726)	7		260			
享保　13(1728)	7	210	254			
享保　18(1733)	7		249			
寛保　2（1742）	6		197	153	19	25
文政　12(1829)			142			
慶応　元（1865）	4		172			

出典）正徳元年は「牛持旧伝」，慶応元年は「芝車町牛持関係書類」，その他は「牛持旧記」による．

盛時には牛数一〇〇〇疋といわれたが、牛疫の流行、牛飼料の高騰、大八車の普及による輸送荷物の減少などによって、牛持、牛数は年々減少し、寛保二年（一七四二）には、牛持六、牛数一九七疋となっており、寛永期（一六二四～四三）に比べると大幅に減少している。しかし、その後も権利のある家は牛持株を引きついで、運送業とともに金融業など他の業種に進出して成功した者もあった。『江戸の牛』によれば、「番頭木田、山口、吉田、田中の四家は、車町に門構の住居をなし、中でも吉田は六十頭の牛を飼い、吉田御殿と呼ばれるほど立派に暮らし居りたり。この四軒は常に尾州・紀州の御用を勤めしかば、何れも虎の威を借りる牛車、大道を狭く轢り出すに逢うては、武士でさえ、避けて通し、別けて此町をば、ホイ声上げて通行する者なりしよし」との『時事時報』の描写を紹介している。

牛車の業務は、大別すると幕府や大名家の御用、米、樽物類、塩俵などの商品輸送と祭礼である。牛車の上に高欄を設け、その上に神像、人形、器物などの造り物をのせ、その傍らに鉾《ほこ》や旗を立て笠鉾や万灯を揚げるなどして車楽《だし》をつくり上げる。これを牛二、三頭で牽《ひ》いて町内をねり歩くものである。これは根津権現、神田明神、浅草三社祭礼などで行われた。正徳四年（一七一四）の根津祭礼に出た牛車は一疋につき、金二分宛の礼金を受けとっている。

●車の通行規制

一七世紀末から一八世紀に入ると、江戸市中を往来するのは、徒歩ばかりでなく、牛車、大八車、地車に荷付馬などが入り交って往来は混雑の度を高めてきた。各種車の往来によって生ずる新たな障害が起きてきた。その主なものは、道や橋のいたみ、過積載、通行障害、交通事故、騒音などである。

牛車等の通行規制の代表例をみると、宝永四年（一七〇七）の幕令では、町中の牛車、大八車など荷物を積む車について、次の四点を通達している。

①車輌事故による怪我防止のため、宰領を車に付添わせること。
②宰領の付添わない車が通ったときは、何方にても辻番人を留置いて、月番所へ訴えること。
③車の牽続きは牛二疋まで。これ以上は間をあけること。
④大石大木等を牛数疋にて牽くときは、番所へ届けること。但し、祭礼等は格別とする。

宰領付添は、生類あわれみの令との関連で、牛車や大八車が犬などを轢《ひ》き殺さないため、貞享三年（一六八六）に出されていた。右の宝永四年の町触では、事故防止のため宰領付添と牽続きは牛二疋までと規定している。牛車の業務は、江戸幕府や大名御用の公務、民間商品輸送、祭礼御用の三つがある。根津権現、神田明神、浅草三社祭礼などで引き出される車楽は、各種の造り物や、鉾、旗、万灯で飾り立てるために重くなるので、牛二、三頭で牽くことがあり特別扱いになっている。

正徳四年（一七一六）の町触で、車事故の罰則規定を定め、流罪はじめ重科が課されるようになった。享保七年（一七二二）の例では、神田多町の清左衛門が召しつれる車引きが、幼年者に怪我をさせたが、幼者は幸い死亡しなかったので、六人の車引きは遠島、主人は過料が申し付けられた。また同一三年（一七二八）の場合は、神田佐久間町の久次郎店仁兵衛と相生町伝右衛門店清六の両人が車を引いて牛込払方町を通行中、同町四兵衛の倅新八（一五歳）に車を引懸け、新八はこれがもとで死亡した。これによって、先年からの度々の触書の趣に沿って、仁兵衛は死罪、清六は遠島の厳罰に処せられた。これをきっかけにして、「以後、往来の者へけがをさせた場合は、当人が重きお仕置がされることは勿論、その主人、家主、五人組、名主までそれぞれに咎が申し付けられる」と述べて、連帯責任がそれぞれ問われることと、日常からの指導と責任を強調している。

寛保三年（一七四三）の町触では、車輛等が一般人の通行について支障にならないように、今までたびたび注意してきたが、近ごろは猥《みだり》になり、往来の人をよけなかったり、何輛も車を連ねて引いて人に迷惑をかけたりするようになった。そして、牽続き禁止、宰領付添等を改めて強調している。さらに、寛政三年（一七九一）には、

①牛遣いども、口を放し追い、往来の人をさけず、わがままになっている。

②すべて車は、夜分引き通り禁止なのに、近ごろ夜に入っても引き歩くのは不届至極である。
③上り下りの坂や橋の上は格別心しなければならないのに、これをしないで走らせたり、わがままに引き歩いたり、手綱を長く延ばして行くなどしている。

などをあげて、今後、往来の支障にならないよう、禁令を守ることをくり返し通達している。その後も天保年間までにくり返し通達が出ているところをみると、これらの事項の履行はむずかしかったことがうかがえる。

●駿府などの牛車

牛車が畿内以外へ招聘されるのは、駿河が初めてであった。慶長一四年（一六〇九）徳川家康が駿河城の城郭工事のため鳥羽・伏見から七人の牛牽を招いた。そして、工事終了後に、居住地を給して在住をうながした。そこが車町（安西町五丁目）で牛町・牛屋町とも呼ばれた。清水湊から府中をはじめ各地へ荷物を運搬することを業として駿府に定着した。元禄五年（一六九二）には牛数三四疋、弘化～嘉永年間（一八四四～五三）は牛八〇疋、車七〇輛であった。また、宝永五年（一七〇八）には駿府城石垣修復工事にもかかわっている。

享保六年（一七二一）の『牛持旧記』に、江戸の町奉行が牛方に牛車について尋ねた回答のなかに駿府へ江戸の古牛を払い下げる項目が入っている。その内容は「江戸で五六年車牛で使用した古牛は、払い下げるが、多くは駿河府中安西町へ金壱弐分の路銭を添えて遣している。駿河では軽き荷を積んで車牛に遣う」で、まだ働けるが盛事をすぎた古牛を江戸近辺ではなく駿河へ送っているのである。これは徳川家康との縁であろうか。

文政九年（一八二六）シーボルトの『江戸参府紀行』では、「牛に引かせたたくさんの荷車に出会った。その荷車は実に無格好にできていて、車輪には輻《や》が何本もあり、輪縁は幅が広く輻から輻へ添木でつないであって、ヨーロッパの車とは異なっている。金輪の代りに輪縁の上に突き出しているところは、竹を編んでおおい、しっかりと締めくくり車輪のすりへるのを防ぐのである」と記している。車の外枠の摩耗防止のために、竹を編んだものを付けてあるために、無格好な車に見えると率直な感想を述べている。これは外国人でなければ注目しないところで、時代証言として貴重である。

天保一二年（一八四二）清水湊から駿府まで牛車が運搬した荷物は八万九五六七品で、毎日二四五品を運んでいる。車数（駄数）にすると二万三七九八輛なので、一輛に約四品を搭載したことになる。幕末には約七〇輛の牛車が稼働していたので、一日一回はどの車にも仕事があったといえる。主な荷物は米穀、小俵塩、小樽物類、荒物類、たばこ、石などである。

慶応四年（一八六八）八月、江戸幕府が崩壊するが徳川家は存続が認められた。徳川家達が宗家を相続し、駿府藩七〇万石の領主として入国する。このとき多くの旧幕臣が清水湊に上陸して来藩し、二里先の城下に向かった。このとき、荷物が多かったので、町年寄会所では、牛車や馬だけでは運び切れないだろうと、人力車での運送を許している。

これ以外に、牛車使用が確認できるのは、次の三地域である。仙台は、貞享四年（一七四七）に日

表16　天保12年（1841）の駿府における牛車積荷物（文献3章22）

荷物名	数　量	荷物名	数　量	荷物名	数　量
御　米	4,432俵	肥し物類	1,515俵	小間物荷	1,040箇
米　穀	24,810俵	鉄物類	772個	櫃　荷	41個
樽物類	3,490樽	石　灰	2,762俵	明　荷	931箇
小樽物類	6,269樽	苧　莇	72俵	銭十貫入	15箇
油　実	1,332俵	角　又	274俵	板木類	1,146束
大俵塩	13俵	麻　荷	65箇	槻　杢	256挺
小俵塩	14,827俵	綿　類	280箇	桐下駄台	20箇
たばこ	3,754俵	太物古手類	230箇	桐丸太	385本
紙　荷	601箇	箇物大小取合	10,391箇	竹	50束
藍　玉	2俵	薬　荷	303箇	瀬戸物類	1,239箇
葉　藍	209箇	荒物荷	4,201箇	瓶　壺	421ツ
畳　表	508箇	青物荷	697箇	石（大中小取合）	24,810俵
				荷数計	89,567品
				車数（駄数）計	23,798輌

出典）『清水市資料　近世1』（昭和41年）.

光東照宮御普請のとき、松平陸奥守の仰付で手伝いをした牛持のうち、勘左衛門らが仙台へ招かれてその後もこの子孫が車渡世をしていた。元文元年（一七三六）鎌倉の鶴岡八幡宮の修築普請に牛車二一輌が江戸から応援に出た。また、箱館の御台場建設に、安政六年（一八五九）に御役所の御用で牛車五、六輌が招聘されて勤めるとともに、その後も現地に残ったという。

こうしてみると、牛車は京都が中心で、これを江戸へ招いた徳川氏によって、江戸幕府と縁の深い駿河、江戸幕府直轄の大工事や普請が行われた限られた地域に牛車が招聘されたといえる。

第4章

日本の乗用具の変遷と牛車

一　乗用具変遷の特色

乗用具の発達段階

「まえがき」にも記したが、世界の乗用具の発達過程をみると、次の五段階が考えられる。

人間の移動は「徒歩」が基本であるが、遠くへ早く行くことをかなえるために乗用具が誕生する。

第Ⅰ段階は、人間が自力で運ぶ人担方式であり、日本では「あんだ」「輿」などがある。

第Ⅱ段階は、畜力を利用して、動物に乗る方式で、ロバ、ラバ、牛、馬、ラクダ、象など人間が調教しやすく、飼育も可能な動物の使用である。

第Ⅲ段階は、「車」の発明によって、これを人が引く「人曳車」である。日本では輦車《てぐるま》、人力車などがある。

第Ⅳ段階は、動物と車輛が連結したもので、牛車、馬車が代表的である。とくに、馬車は馬の連繋も容易で早いことから、大量の高速運搬に適しており、世界の乗用具の主流になり、各地で広く使用された。

第Ⅴ段階になると、エンジンの発明によって、動力による推進力を使用する革新的技術が登場して乗用具は新しい時代に入った。このエネルギー源は、石炭、石油、ガス、電気と進化し、汽車、自動車、リニアモーターカー等が発明されて現代の乗り物の主流となっている。

この五段階におよぶ発達過程は、地域によってさまざまであり、乗用具の様式や使用形態もそれぞれの文明を反映して特色がある。

日本の乗用具の変遷

日本の乗用具の変遷は次頁の表17のようであり、その特色をまとめると、次の四点が際立っている。

①各時代を代表する乗用具は、奈良時代の輿、平安時代の牛車、鎌倉時代の騎馬、江戸時代の駕籠、明治時代の人力車などである。時代の変わり目ごとに、主流となる乗用具も変化している。これはその時代の主体者の選択に対応して、社会・文化状況が全体として反映された結果であると考えられる。

②乗用具の発達段階からみると、平安時代の牛車を頂点として、江戸時代まで約六〇〇年間は発達段階を逆行して駕籠の時代になっている。この時期は車技術の利用は荷物運搬が中心で、乗用に車を使うことは極めて少なく、「車レス時代」ともいえよう。もっぱら人力を活用する駕籠が多用されたのである。

③それぞれの時代の主流乗用具は、次の時代ですたれたのではなく、継承されて、ふさわしい乗用者がしかるべき場で使用している。例えば江戸時代においては、輿は天皇、公家、特別許可された大名・高僧、牛車は将軍、皇族、高位女官、駕籠は大名から庶民までの全階層、馬は市中など

表17　日本の乗り物の時代別変遷

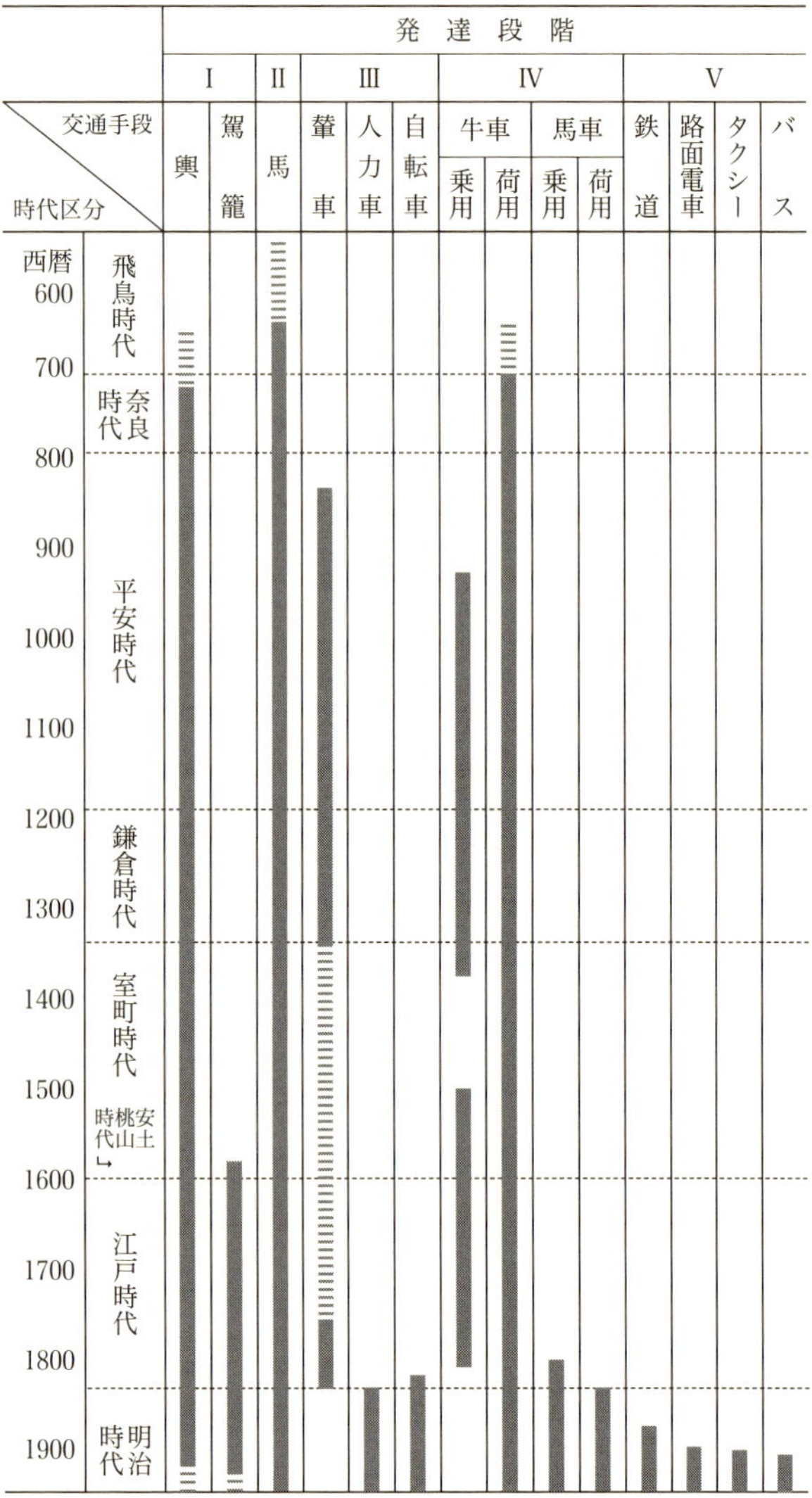

では許可された武士など、街道では人を荷物と見なして賃銭を支払った者は駄賃馬に乗ってよかった。このように日本の全時代の乗用具が継承されていた。つまり、明治時代前期までは、前代

の慣行を踏襲して伝統として受け継いできたのである。

④明治時代に入って、西洋文明を積極的に導入して、車技術を最大限に活用して、人力車、馬車、汽車、自動車を全国的に展開した。しかし、まずは鉄道を優先したため、道路整備が遅々として進まず、本格的な自動車時代が到来するのは、昭和三〇年代まで待たねばならなかった。

日本の乗用具選択は、古墳時代までは中国・朝鮮から牛馬や車技術を導入し、その後江戸時代までは、日本独自の価値観を優先させ、日本の地勢、豊富な労働力と木材、竹、布などの得やすい材料を使って主流乗用具を製作している。各時代の日本の国情を最優先して、その時期にふさわしい乗用具を選定している。そして、明治時代以後は大転換して、世界中の進んだ技術を積極的に学び、世界標準の乗用具である馬車、汽車、自動車を次々に導入した。つまり、国内性、安定性、継続性を優先する方針から、国際性、革新性、効率性を価値基準としたのである。そして、世界的競争にさらされることになり、その後一〇〇年余は苦難の連続であった。

最近は世界市場に通用するエコでコンパクトな自動車、電気や水素による新しい車、高速新幹線など、日本の交通文化の独自性を生かして、二一世紀に世界中から支持される乗用具の創造が期待される。日本人の歴史的に集積された知恵ともてなしの心を活用すれば、明るい未来が開かれるような気がしてならない。

二　交通史における牛車

平安時代という早い時期に、乗用具発達過程の第Ⅳ段階である動物（牛）が車輌をつないで牽《ひ》く牛車が突然に登場して、時代の主流を担う乗用具になったことについて、不思議に思うところがある。牛車運行の基本要素は、牛、牛飼童、車輌、道路の四つである。これらについてみると、牛は朝鮮などから古代に移入され、農耕と荷物運搬に使役されていた。牛飼童もこれらの作業に従事する農民などのなかから、漸次専門化したと考えられる。道路は車に対応する硬構造の路面を造成することが必要であるが、日本では平安京が中心で、全国の街道へは拡大しなかった。ローマの道のように本格的な舗装道路は造成されず、歩く人に対応する柔構造の道が基本であった。

以上から、牛車を支える基本技術と人材は整っており、牛車が登場しても驚くにはあたらないといえる。ここで、よく出される疑問は、「世界の多くの地域で馬車が一般的なのに、日本は牛車なのはなぜか」ということである。この問題については、諸氏の見解が出されているが、最も注目したいのは、荒川紘著『車の誕生』での説である。その内容は、「中国人が馬車を利用しだしたのは紀元前一四世紀ころという。牛車よりも馬車や騎馬術が主流であった。朝鮮から北部は中国に支配されたこともあって、馬車や騎馬術が入った。しかし、朝鮮南部には馬車文化は定着しなかった。そして、朝鮮北部でも馬車は定着せず、牛車が残った」という。このことから、「日本人は日本国家形成期に馬車文化に接しなかったことが理由」として、「騎馬と牛の文化と技術」の影響を受けたとの見解に注目したい。

牛馬や車の技術は、中国から朝鮮を経て日本に伝来した。まず、馬が、次いで牛が縄文時代後期に移入されたという。その後、馬は支配階級の出行時や戦いに使われ、権力や富の象徴、儀式での神馬などとして、極めて限られた人たちが馬を愛用した。

牛は農耕用として、西日本を中心に農民にも拡大していき、馬よりも多くなっていった。そして、牛は牽引力が強いことから、建築工事現場からの必要によって輓用として使用されることもあった。奈良時代には、荷車として重量物の運送に牛車使用があったことは前述した通りである。そして、平安時代に車箱の整った乗用牛車が登場してくる。この時点において、馬は限定された高位貴族の乗用として貴重品扱いされる象徴的存在であったので、車と連結して運搬に供することは考えられなかったのであろう。これに対して牛は、畿内の農家でも飼育されて頭数も増加していたことから、調達が馬に比べて容易であったと考えられる。

牛車は当初、女官や女性皇族の乗り物として多用され、男性は騎馬による移動が普通であった。松本政春氏の「貴族官人の騎馬と乗車」によれば、「全官人の騎馬による武装を行う官人騎馬制が八〜九世紀に解体した影響で、男性にも乗車の風潮が生まれ、騎馬から牛車へ変わることが九世紀から見られた」と、男性も牛車に乗る契機になったのは、官人騎馬制の解体にあるとの見解を示している。そして、九世紀に入って乗車の風が漸次広まり、九世紀末から一〇世紀にかけて大流行し、牛車が平安王朝文化を象徴する乗り物となって、主役の座を占め、騎馬は脇役になるのである。

日本独自の文化として発展する平安王朝文化の中核である「雅《みやび》」は、都風、宮廷風、上品、優美、風流などの用語で説明されている。牛車に乗って移動しながら、野山の自然をゆったり眺め、車内に漂う花や植物の香を味わう、同車した人と会話を楽しむなど、牛車の空間は「雅」な要素をかもし出すには、ふさわしい環境になっている。牛は馬のように俊敏で速くはなく、ゆっくりではあるが力強く着実に進んで行く。こうした雰囲気の牛車は「雅」を醸成する乗用具として、平安貴族に好まれて、時代を代表する乗り物になったのである。

優雅な乗り物である牛車で外出することは、それだけで高い身分の証左であった。市中で牛車に乗ることをゆるされる者は、五位以上の高い身分の人だけで、平安京ではおよそ三〇〇人といわれ、住民のごくわずかであった。しかも乗る人の身分によって牛車の種類や車副の構成、服装などに違いがあったので、外観から乗っている人の身位の見当がおよそつくようになっていた。

牛車に乗る機会は、官人であれば内裏への出勤、高官の邸宅訪問、平安京周辺現地視察、各種の行事への参加などの公的業務と、社寺参詣、各地への遊興散策、遊狩などの私的な出行などさまざまである。こうしたとき、京の人々は牛車行の様相を観察して、都風の品のよさ、女房装束の重ね色目の配色の妙、車装束の風流さなどから「雅」を評価し合うのである。こうしたことは多くの牛車が参集する賀茂祭の折が、最大の場であり、この日の出向には主家の威信をかけて服装に細心の工夫をこらして出動して、火花を散らしたのである。

平安文学の作品には、牛車特有の場面が時折りあらわれる。自然をめでる移動空間、特別な人と同行できる格別の空間と時間、お忍びの逃避行、街道での突然の出合いなどさまざまである。いずれも密室性のある牛車ならではの「雅」が感じられる。牛車の中では、恋、友情、親族の絆、仕事の打合せなど折りに触れて熱いものが醸成されたのではないだろうか。こうした個別の機会をつくる牛車の移動空間は、平安の「雅」を支える貴重な機会であったと考えられる。

牛車は車体、牛、牛飼、車宿などの管理運営に多額の費用がかかり、専任の担当者と施設を必要とするぜいたくな交通手段である。このため、乗用者は財政的にも恵まれた高位者に限られたため、一〇世紀の盛時でも大幅に拡大することはなかった。また、乗用牛車の使用地域も畿内が中心で、あとは鎌倉のみであった。荷物運送の牛車は、石、米俵など重量物資が常時集まるところに、特定業者が集中したのと、江戸時代に幕府の許可があった江戸、駿河、仙台、箱館など都市に限られていた。

牛車が円滑に通行するには、道がある程度広く、硬構造の路面に造成されていることが必要である。しかし、日本の街道のほとんどは、明治時代までは柔構造であったため、重い牛車が恒常的に通行するには困難な地域がほとんどであった。地形の険しい所が多い日本の街道は、徒歩通行に対応することを基本にしていたため、江戸時代までは車による通行のできるところは極めて限定的であった。明治になって、西洋文明を積極的に導入して、車レス時代から一気に脱皮して、人力車、馬車、自転車、汽車、自動車の時代へ急速に変化するのである。しかし、車対応への道路の改良が遅々として進まなかったため、本格的な自動車時代が到来するのは、昭和三〇年代からである。

最後に、牛車が衰退した理由とその後の乗用具の変遷についてまとめてみたい。

平安末期には武士が擡頭《たいとう》し、牛車より騎馬が活躍する場面が増えていった。鎌倉時代になって、武士の時代になると騎馬団が主流となった。牛車は将軍家だけが使用する特別の乗り物として位置づけられた。武家は公家文化をある程度は継承しつつ、新しい文化も創造していったのである。だから、牛車が鎌倉にも届けられて、将軍家の人たちが鶴岡八幡宮への参詣などに使用している。室町幕府の足利氏は京都に幕府を開いたので、公家風文化を活用している。足利尊氏の場合、参内などの公的行事の場合は牛車を用い、社寺参詣などの私的なときは輿を使用している。

一三～一五世紀にかけては、公家の牛車運行を支えていた政治・経済的基盤は次第に弱体化し、公式行事にも牛車での供奉が困難になって、輿で代用する公卿が目立つようになっていった。そして、応仁元年（一四六七）の応仁の乱で京都の多くが灰燼に帰したため、都から移住する人たちが増え、牛車が行き交う状況は激減したと考えられる。その後、室町将軍も九代義尚（一四七三～八九）までは、牛車を使用していたが、一〇代義材《よしき》（一四九〇～九五）以後は参内も輿になって、牛車は中断状態になった。そして、これが復活したのは、約一〇〇年後の天正一六年（一五八八）の聚楽第行幸である。牛車は天皇の鳳輦を別格として、最も格の高い乗り物として使用された。これは平安時代の牛車より大型で装飾の豪華な車で、以後「御所車」と呼ばれ、現在も葵祭でこの型式の牛車が使用されて注目を集めている。牛車の伝統は江戸時代へも受け継がれて、和宮降嫁などの婚礼行列に使用されたのである。

牛車は「雅《みやび》」の王朝文化を支える格好の乗り物として、多くの貴族に受け入れられたが、鎌倉から安土桃山時代の文化は、実用的で勇壮な武士や庶民文化が主流になった。乗用具の変遷をみると、平安時代の牛車を頂点として、安土桃山時代には腰輿、江戸時代には駕籠というずれも乗用具の発達段階では初期のプリミティブな乗り物に逆戻りした。このように発達段階を下降して歴史が戻ったのは管理運用に多額の費用を要する牛車を維持する経済力が貴族層になくなったことが最大の要因であろう。合わせて「雅」の文化的風潮の衰退、新しい武家と庶民文化の擡頭が考えられる。そして、人力で簡易に乗用できる輿や駕籠を多用する社会になったのである。つまり、そのころの社会に豊富に存在する人的資源と木や竹の材料を活用する乗り物に変化するとともに、運送方法にも工夫をこらしたことが読み取れる。それは分解分割とリレー方式の活用である。例えば、和宮降嫁のとき、三輛の牛車は京都で車体、車輪、轅《ながえ》などに分解して梱包され、東海道を江戸に向けて、宿継ぎのリレー方式で運ばれて江戸城入りの行列に使用されている。

あとがき

二〇年ほど前、尾張の街道を調べていて、乗り物の研究がほとんどないことが気になった。とくに江戸時代の駕籠については、広重の版画にはよく登場するものの実態がよくわからない。そこで、まず、駕籠（ものと人間の文化史141）、続いて輿（同156）について基本的なことをまとめた。あと、むかしの乗用具で残ったのが牛車であった。これは人担の輿や駕籠とは違って、牛と車がからむので、関係する分野も多岐にわたった。交通史ばかりでなく、文学、図学、車輛学、民俗学、風俗学、色彩学などそれぞれの分野にいくつかの関連論文が見つかって興味をそそられた。それぞれの分野に独特な内容があることから、理解の到らないところや不十分なまとめに終わったところも残ったので、今後とも追求しなければと考えている。

平安の王朝ロマン「雅《みやび》」を懐かしむ平安行列が日本各地で行われている。最も有名なのは、京都の葵祭である。約八〇〇メートルにわたる五〇〇人の王朝絵巻の行列の頂点に、二輌の牛車が行く。赤装束の二人の牛童（女児）が鼻綱を持って進み、大きな御所車の牛車は、フタバアオイ、桂や桜、橘などで風流に装飾されていかにも華やかである。全国から何万人も押しかけるのがわかる気がする。

春日井市（愛知県）は、三蹟の一人、小野道風の生誕の伝説があるところなので、毎年秋の春日井まつりには、平安行列が行われる。ここでは姫君の輿と道風が乗った牛車がメインである。牛車はやや小ぶりであるが、借用してきた黒牛が牽き、屋形は柱だけとして、沿道の人が烏帽子姿の道風をよく見えるようにしてある。牛を扱う人は牧場の人が担当しているというが、服装は童姿でないことが気になった。

宇治市（京都府）の「源氏物語ミュージアム」に、千年紀を記念して造られた牛車が展示されている。実物大の文車《もんのくるま》で、華やかな文様と漆塗りのつやが新しい車であることを感じさせる。車箱には正装した女房があでやかな衣裳で一人座して出衣《いだしぎぬ》している。

平安の「雅《みやび》」への憧れは現在も日本文化の底流をとうとうと流れている。だから、平安文化につながるデザインや色合いにつながるものを感じてはっとすることが時折ある。牛車を窓にして、交通文化を見ていると、自然と日本文化の流れが見えてくる。牛車の追求は、車技術、牛、牛飼童、道路構造などの交通文化とともに、日本文化をたどる多彩で興味のつきないものであった。

ここにまとめたものは、暇をみて、少しずつ調べて綴ったものである。全体としては、従来からあちこちに分散していたものを、「牛車」の視点から、落ち穂拾いのように集めてまとめた。交通史や民俗学などの専門分野の方から見ると、間違いや不十分なところがあると思うので、お気づきの点について、ご教示いただければ幸いである。

最後に、拙著をまとめるにあたって、先学の諸氏をはじめ、折りにふれて助言や示唆をいただいた方々、資料閲覧と収集、聞き取り調査などでご協力くださった皆様方に心から厚く御礼を申し上げたい。また、本書を刊行するに際して、具体的なご指導をいただくなど大変お世話になった法政大学出版局の秋田公士氏に心から感謝申し上げる次第である。

参考文献

第1章

(1) 中村太郎「中・近世の陸上交通用具——輿・車、特に駕籠について」、『日本の風俗と文化』創元社、一九九一
(2) 庄野　新『運びの社会史』白桃書房、一九九六
(3) 板倉聖宣『日本史再発見——理系の視点から』朝日新聞社、一九九三
(4) 大矢誠一『運ぶ——物流日本史』柏書房、一九七八
(5) 黒川真頼『工芸志料』4、平凡社、一九七六
(6) 『和漢三才図会』平凡社、一九八六
(7) 『日本書紀』下、国史大系、吉川弘文館、一九七一
(8) 児玉幸多編『日本交通史』吉川弘文館、一九九二
(9) 「西宮記」「江家次第」、『日本精神文化大系』3、平安時代編、金星堂、一九三四
(10) 『装束集成』明治図書出版、一九九三
(11) 山中裕・鈴木一雄編『平安時代の儀礼と歳事』至文堂、一九九四
(12) 田名鋼宏『古代の交通』吉川弘文館、一九六九
(13) 『萬葉集』新日本古典文学全集1、岩波書店、一九九六
(14) 佐多芳彦『服制と儀式の有職故実』吉川弘文館、二〇〇八
(15) 日高真吾「伝統的乗用具の変遷に関する一考察」、『民具マンスリー』36-10、神奈川大学日本常民文化研究所、二〇〇四

(16) 日高真吾『女乗物』東海大学出版会、二〇〇八
(17) 二木謙一『時代劇と風俗考証』吉川弘文館、二〇〇五
(18)『古事類苑』32、器用部2、吉川弘文館、一九七〇
(19) 牧田光弘「日本の車技術の源流を探る：牛車と車輪」、『交通・物流部門大会講演論文集』日本機械学会、一九九二
(20) 加藤友康「日本古代の牛車と荷車」、東京大学公開講座『車』、東京大学出版会、一九九九
(21) 荒川 紘『車の誕生』海鳴社、一九九一
(22) 加藤友康「くるまの比較史」、『アジアのなかの日本史』VI、文化と技術、東京大学出版会、一九九三
(23) 市川健夫『日本の馬と牛』東京書籍、一九八一
(24) 加藤友康「日本古代における交通・輸送と車」、『古代交通研究』13
(25) 山田勝芳「馬車と牛車——中国古代官人と中世の貴族」、『綜合研究中世の文化』角川書店、一九八八
(26) ブリヂストン広報部『乗り物はじまり物語』東洋経済新報社、一九八六
(27) 綛野和子『日本文化の源流をたずねて』慶應義塾大学出版会、二〇〇〇
(28) 加茂儀一『騎行・車行の歴史』法政大学出版局、一九八〇
(29) 加茂儀一『家畜文化史』法政大学出版局、一九七三
(30) 下間頼一「古代中国の技術、漢学の窓から」、『日本機械学會誌』95(881)、一九九二
(31) 森田 悌「古代の車についての小考」、『続日本紀研究』165、続日本紀研究会、一九七三
(32) 宮本長二郎『平城京』草思社、二〇一〇
(33) 栗田奏二『うし小百科』博品社、一九九六
(34) 加藤友康「交通体系と律令国家」、『講座 日本技術の社会史』8、交通・運輸、日本評論社、一九八五
(35) 井上尚明「描かれた車と道」、『古代交通史』13、八木書店、二〇〇四
(36) 松野武人『むかし旅 街道曼荼羅』豊川堂、一九九二

第2章

(1)『親信卿記の研究』同朋舎、二〇〇五
(2)『日本の文様』15　楽器・調度、小学館、一九八八
(3)松本麻衣子「絵巻の牛飼童」、『大谷女子大国文』30、大谷女子大学、二〇〇三・三
(4)繁田信一『庶民たちの平安京』角川学芸出版、二〇〇八
(5)田中　保「絵巻物のなかに描かれている牛車の表現」、『名古屋大学自然科学・心理学紀要』28、一九八四
(6)「駿牛絵詞」『群書類従』28輯、巻493、続群書類従完成会、一九三三
(7)児玉幸多「江戸の牛小屋」、『日本歴史』151、一九六一
(8)遠藤元男『路と車』毎日新聞、一九八〇
(9)「七十一番職人歌合」、『新日本古典文学大系』61、岩波書店、一九九三
(10)遠藤元男『日本職人史』雄山閣、一九九一
(11)朝倉治彦『人倫訓蒙図彙』1、平凡社、一九九〇
(12)平野栄次「江戸の車大工」、『技術と民俗』下　日本民俗文化体系14、小学館、一九八六
(13)吉田光邦『文様の博物誌』同朋舎出版、一九六五
(14)長崎　巌監修『きもの文様図鑑』平凡社、二〇〇五
(15)網野善彦『漂泊と定着』6、小学館、一九八四
(16)『お伊勢まいり』斎宮歴史博物館、一九九四
(17)網野善彦『異形の王権』平凡社、一九九三
(18)〃「都市と職能民の活動」、『日本の中世』6、平凡社、二〇〇三
(19)水谷清三「車石：京都三街道における運送施設の考察」、『地理学評論』30-6、一九五二、古今書院
(20)寺尾宏二「車道・車石考――京都の牛車専用道路」、『経済経営論叢』27-4、京都産業大学経済学会、一九九三
(21)「伴大納言絵詞の誕生」、『日本の絵巻』2、中央公論社、一九八七

(22) 網野善彦『網野善彦著作集』11、岩波書店、二〇〇八
(23) 小沢朝江・水沼淑子『日本居住史』吉川弘文館、二〇〇六
(24) 京樂真帆子『平安京都市社会史の研究』塙書房、二〇〇八
(25) 網野善彦「西の京と北野社について」、『都市と共同体』名著出版、一九九一
(26) 田村善次郎「車・輿・駕籠」、宮本常一編『旅の民俗』6、八坂書房、一九八七
(27) 『大津市史』上、大津市役所、一九四一
(28) 西村さとみ『平安京の空間と文学』吉川弘文館、二〇〇五
(29) 鳥居幸代『平安朝のファッション文化』春秋社、二〇〇三
(30) 坂井洲二『水車・風車・機関車』法政大学出版局、二〇〇六
(31) 江馬　務『江馬務全集』10巻、中央公論社、一九七八
(32) 松平定信「輿車図考」、『故実叢書』36、明治図書出版、一九九三
(33) 『法然上人絵伝』日本の絵巻1～3、中央公論社、一九九〇
(34) 松本政春「貴族官人の騎馬と乗車」、『日本歴史』513、一九九一

第3章

(1) 今井雅晴『捨聖・一辺』吉川弘文館、一九九九
(2) 武田佐和子編『一辺聖絵を読み解く』吉川弘文館、一九九九
(3) 青木俊明「牛車から読む『平治物語絵巻』」、『学芸国語国文学』36、東京学芸大学、二〇〇四
(4) 阿部秋生他校注・訳著『源氏物語』新編日本古典文学全集20～25、小学館、一九九四～九八
(5) 西沢正史編『源氏物語を知る事典』東京堂出版、一九九八
(6) 『今昔物語』新編日本古典文学全集38、小学館、二〇〇二
(7) ジョアン・ロドリーゲス『日本教会史』上、岩波書店、一九六七

（8）石坂妙子「平安時代の交通手段――輿車・馬・船」、倉田実、久保田孝夫編『王朝文学と交通』竹村舎、二〇〇九
（9）『和泉式部日記』新編日本古典文学全集26、小学館、一九九四
（10）三田村信行「おごる義仲」、『源平盛衰記』2　源氏の逆襲、ポプラ社、二〇〇四
（11）『伊勢参宮名所図会』国書刊行会、一九八八
（12）大伴和俊「枕草子の〈表現〉――小白河八講の「牛車」」、『日本文学』44－9、日本文学会、一九九五
（13）白子福右衛門『枕草子全釈』加藤牛道館、一九七一
（14）西山良平、前田　勝『平安京の住まい』京都大学学術出版会、二〇〇七
（15）安田政彦『平安京のニオイ』吉川弘文館、二〇〇七
（16）朧谷　寿『平安京の貴族と邸第』吉川弘文館、二〇〇〇
（17）服藤早苗『王朝の権力と表象――学芸の文化史』星雲社、一九九八
（18）『再現延喜斎宮式』斎宮博物館、二〇〇三
（19）丹生谷哲一『検非違使』平凡社、二〇〇八
（20）竹内秀雄『天満宮』吉川弘文館、一九六八
（21）鈴木敬三『絵巻物の風俗史的研究』吉川弘文館、一九六一
（22）『江戸の牛』東京都公文書館、一九八七
（23）『落窪物語』新編日本古典文学全集17、小学館、二〇〇〇
（24）辻ミチ子『和宮』ミネルヴァ書房、二〇〇八
（25）西山良平『都市平安京』京都大学学術出版会、二〇〇四
（26）武部敏夫『和宮』吉川弘文館、一九六五
（27）臼田昭吾編著『道の文化史』おうふう、一九九五
（28）建内光儀『上賀茂神社』学生社、二〇〇三

(29)『山槐記』史料体系26、臨川書店、一九七五
(30)繁田信一『御曹司たちの王朝時代』角川学芸出版、二〇〇九
(31)五味文彦「中世の身体」角川学芸出版、二〇〇六
(32)全譯『吾妻鏡』1〜5、新人物往来社、一九七六
(33)五味文彦『日記に中世を読む』吉川弘文館、一九九六
(34)『太平記』新編日本古典文学全集56、小学館、一九九七
(35)桃崎有一郎『中世京都の空間構造と礼節体系』思文閣出版、二〇一〇
(36)高橋眞三・石井良助編著『御触書寛保集成』岩波書店、一九三四
(37)繁田信一『かぐや姫の結婚』PHP、二〇〇八
(38)『紫式部日記』新編日本古典文学全集26、小学館、一九九四
(39)『和泉式部日記』新編日本古典文学全集26、小学館、一九九四
(40)高橋いづみ『恋のバイブル　いづみ式部日記』飛鳥新社、一九九〇
(41)佐藤泰子『日本服装史』建帛社、一九九二
(42)末松　剛『平安宮廷の儀礼文化』吉川弘文館、二〇一〇
(43)池　享「聚楽第行幸における行列の意味」、『日本歴史』543、吉川弘文館、一九九三
(44)増田美子『日本衣服史』吉川弘文館、二〇一〇
(45)『蜻蛉日記』新編日本古典文学全集13、小学館、一九九五
(46)石丸晶子『蜻蛉日記』朝日新聞、一九九七
(47)岡崎知子「平安朝女性の物詣」、『国語と国文学』ぎょうせい、一九六六
(48)榎村寛之『伊勢斎宮の歴史と文化』塙書房、二〇〇九
(49)阿部猛『日本古代官職辞典』高科書店、一九九五
(50)瀧川昌宏『近江牛物語』サンライズ出版、二〇〇四

(51) 二木謙一『武家儀礼格式の研究』吉川弘文館、二〇〇三
(52)『年中行事絵巻』日本の絵巻 8、中央公論社、一九八七
(53)『平治物語絵巻』新修日本絵巻物全集10、角川書店、一九七五
(54)『伴大納言絵詞』日本の絵巻 2、中央公論社、一九八七
(55) 狩野博幸『秀吉の御所参内・聚楽第行幸図屏風』青幻舎、二〇一〇
(56) 田口榮一監修／稲本万里子・木村朗子・龍澤彩『すぐわかる源氏物語の絵画』東京美術、二〇〇九
(57)『賀茂川の道　京都』集英社、二〇〇九
(58)『中山道と皇女和宮』大垣市教育委員会、一九九九
(59) 秋里籬島（竹原春朝斎画）／市古夏生・鈴木健一校訂『都名所図会』5、筑摩書房、一九九九

第4章

(1) 齊藤俊彦『轍の文化史』ダイヤモンド社、一九九二
(2) 竹村公太郎『日本文明の謎を解く』清流出版、二〇〇三
(3) 櫻井芳昭『駕籠』法政大学出版局、二〇〇七
(4) 現代技術史研究会編『徹底検証　21世紀の全技術』藤原書店、二〇一〇
(5) 荒川　紘『世界を動かす技術＝車』海鳴社、一九九三

索　引

牛車関連年表

年　代	全　般	車関連事項
BC.3000	合板車輪の車，メソポタミア	牛車の登場
2000	スポーク付合輪，ミンタニ	驢馬車
1340	二輪戦車，エジプト	
550	レース用戦車，ギリシア	
BC. 4 C	戦車馬車，中国	
AD. 4 C	荷牛車，高句麗	牛の伝来
	乗用馬車，新羅	馬の伝来
5 C		朝鮮から車技術伝来
404		履中紀に車持君に関する記述
482		雄略紀に「天皇狩猟後車で帰る」の記述
646	大化の改新の詔．諸国に駅馬・伝馬を置く	孝徳天皇，皇族の葬儀に轜車(きぐるま)の制を定む
658		僧砦蹤はじめて指南車をつくり朝廷に献上
701	大宝律令制定．駅伝の規定	
694～710		藤原京の井戸から牛車の軛(くびき)発掘
710	平城遷都	
721		元明天皇，轜車に金玉(きんぎょく)を刻すること，丹青での絵餝を禁止
747		物部連族子島，車12輛，牛6頭を東大寺へ献納
770～781		正五位上羽栗翼，年老を以て小車での公門出入を聴さる
784～793	長岡遷都	長岡京跡から車の外輪と釭(かりも)が出土
794	平安遷都	貴族高門多く車に駕し，牛を以て挽かしむ
813		薬師寺の僧良勝，女性の車に同乗したことで種子島へ流罪

年　代	全　般	車関連事項
815		金銀装車の乗用は内親王，孫王と女御以上
833		僧良勝，許されて入京
839		文章博士菅原清公「老病で衰弱し，歩くことが困難」という事由で牛車許可
842		廃太子恒貞親王を淳和院へ送るのに禁中は小車，禁中外の神泉苑からは牛車
846		典侍菅原員殊，牛車で宮門出入り許可の宣旨
861		太后，鳳輦を御すべきところ，牛車を用いる．皇太后，大原野神社奉幣，牛車を御す．藤原氏族以下，御車で従う
868		「賃車之徒」に，車1輌に積むべき木材料を榲榑20才，歩板7枚，簀子9枚，柱9根と定めらる
876		皇太子，東宮より牛車で染殿院へ詣ず
879		太上天皇，牛車で大和国行啓
884		恒貞親王葬，太子牛車を驚し，禁中へ出る
886		火事．内親王直子の車に乗り，頓へ出る
894		太政官符で車禁止．「男は乗車を聴す」とあり，これまでは女性が乗車の中心であった
895		無品の斉世(ときよ)親王に一日だけ中納言藤原諸葛民部卿藤原保則に乗車許可．明経学生秦維興勝手乗車で罰せらる
905		車の障子は槻(けやき)，轅(ながえ)及び車輪は櫟(いちい)，柱及び高欄は檜で造るべし
901～923	延喜弾正式に乗車之制が規定	
950		村上天皇の皇太子が母と廂差(ひさし)糸毛車に同乗
972		女御懐子の忌明け儀式に檳榔毛車に筵を張り，鈍色の簾と鞦をかけた
984		藤原忯子(きし)が花山天皇の女御として参内したとき，金作車に乗った（『小右記』）
995		重服のとき，車に筵を張り，墨を塗っても塗らなくてもよい（『小右記』）
999		太政官符，六位以下の乗車を禁止．ただし，公卿の子孫，外記の官人を除く
1001		太政官符，車の華美禁制
1004		内侍藤原研子が入内のとき，廂差車と金造車各1輌と檳榔毛車が10輌であった
同		四位網代車，五位筵張車，六位板車とす
1014		檳榔毛車が入手困難なので，毎年改張するのでな

年　代	全　般	車関連事項
		く，損壊したときにするべき（『小右記』）
1036		高高の雑色，牛飼が類を招き，党を結んで双六，博奕をことした
1070		後三条天皇，石清水行幸のとき，鳳輦をとめて物見車の外金物を抜かせた（『古事談』）
1083		賀茂祭で関白藤原師実は孫を抱いて唐庇車に乗る（『栄華物語』）
1095		車につける八葉紋の大きさを問題にする
1104		泉大津に車借６人
1116		諸司，諸衛官人以下に牛車への乗用禁止
1132		前関白藤原忠実が網代庇車をはじめて発注
1141		平等院一切経会に鳥羽法皇と高陽陽の夫妻同車で出席
1143		道長，法成寺金堂供養に際し，大垣を壊して榻(しじ)の高さにし，参集の物見車の轅をかけられるようにした
1146		鳥羽法皇，仏頂堂供養．造進した藤原家成文車10台新調
1151		先に輦車が聴され，後に牛車が聴されるのが宣旨慣例
1155		賀茂祭に，左中将藤原隆長，風流車で大路往復
1172		奈良僧都が半蔀車を借り受けたので，車副４人，牛飼童，赤衣仕丁，牛などを貸し送った（『右大臣藤原兼実日記』）
1179		平等院一切経会「見物車七，八輛あり．女房は下りず車を立てて見物す」とある
同		京都清水坂に車借あり
同		前関白藤原基房の文書を大内の左兵衛門陣屋へ送るため，文車７台を使う
1183		木曾義仲，従五位下，牛車で院の御所へ
1185	源頼朝，駅路の法制定	前斎院式子内親王，後白河法皇御所に半蔀車で行った（『山槐記』）
1192	鎌倉幕府成立	
1209		藤原家嗣，白川院から藤原忠道が賜った透袖車を使った（『玉薬』）
1212		過差の簦車（差し傘）の金銀錦織などやめるべし
同		『方丈記』に，源頼朝挙兵の話で，「ただ馬鞍のみ重くす．牛車を用とする人なし」とある
1240		御家人の牛車使用禁止
1247		飲酒したときは，六波羅提題から車を取り寄せて

年　代	全　般	車関連事項
		帰ること
1336	室町幕府を開く	
1394		足利義満，日吉社参に比叡辻等の車借から車20輛を召す
1467	応仁の乱	牛車での出行なくなる
1588		聚楽第行幸で秀吉御所車を使用
1603	徳川幕府を開く	
1620		東福門院入内行列に牛車
1634		江戸増上寺普請に京都から牛車を招聘
1687		日光造営普請終了後，松平陸奥守へ牛車14，5輛寄贈
1704		江戸橋広小路に牛置場拝領
1705		駿府城石垣修復普請後，安西町に居留
1736		鎌倉，鶴岡八幡宮普請に牛車21輛
1858		箱館御台場建設に牛車4，5輛
1862		和宮降嫁で牛車使用．京都～江戸間
1868	明治新政府成立	外国人経営の乗合馬車，横浜～東京間に開業
1870		乗合馬車，東京，武蔵，横浜の工夫等協力して馬車をつくる．下岡蓮杖ら横浜～東京間で開業
1872		鉄道（新橋～横浜）開通
1874		鉄道（大阪～神戸）開通
1882		東京馬車鉄道開業
1895		京都市で路面電車開業
1903		京都市で乗合自動車開業
1912		東京市でタクシー開業
1927		東京地下鉄開業．上野～浅草間

著者略歴

櫻井芳昭（さくらい よしあき）

1938年，愛知県名古屋市に生まれる．愛知学芸大学卒業，愛知県内の小中学校および愛知県教育委員会義務教育課長を歴任．

交通史研究会会員，名古屋郷土文化会理事，春日井市文化財保護審議会委員．

著書に，『尾張の街道と村』（第一法規出版，1997），『駕籠（ものと人間の文化史 141）』（法政大学出版局，2007），『幕末の尾張藩』（中日出版社，2008），『輿（ものと人間の文化史 156）』（法政大学出版局，2011），共著に，『下街道』（春日井市教育委員会，1978），『ぼくらの愛知県』（ポプラ社，1984），『社会科基礎学力の指導』（明治図書，1985）など．

ものと人間の文化史　160・牛車

2012年 8 月10日　初版第 1 刷発行

発行所 財団法人 法政大学出版局
〒102-0073 東京都千代田区九段北3-2-7
電話03(5214)5540 振替00160-6-95814
組版：秋田印刷工房　印刷：平文社　製本：誠製本

ISBN 978-4-588-21601-5

Printed in Japan

⚜ ものと人間の文化史

★第9回梓会出版文化賞受賞

人間が〈もの〉とのかかわりを通じて営々と築いてきた暮らしの足跡を具体的に辿りつつ文化・文明の基礎を問いなおす。手づくりの〈もの〉の記憶が失われ、〈もの〉離れが進行する危機の時代におくる豊穣な百科叢書。

1 船　須藤利一編

海国日本では古来、漁業・水運・交易はもとより、大陸文化も船によって運ばれた。本書は造船技術、航海の模様の推移を中心に、漂流、船霊信仰、伝説の数々を語る。四六判368頁 '68

2 狩猟　直良信夫

人類の歴史は狩猟から始まった。本書は、わが国の遺跡に出土する獣骨、猟具の実証的考察をおこないながら、狩猟をつうじて発展した人間の知恵と生活の軌跡を辿る。四六判272頁 '68

3 からくり　立川昭二

〈からくり〉は自動機械であり、驚嘆すべき庶民の技術的創意がこめられている。本書は、日本と西洋のからくりを発掘・復元・遍歴し、埋もれた技術の水脈をさぐる。四六判410頁 '69

4 化粧　久下司

美を求める人間の心が生みだした化粧―その手法と道具に語らせた人間の欲望と本性、そして社会関係。歴史を遡り、全国を踏査して書かれた比類ない美と醜の文化史。四六判368頁 '70

5 番匠　大河直躬

番匠はわが国中世の建築工匠。地方・在地を舞台に開花した彼らの造型・装飾・工法等の諸技術、さらに信仰と生活等、職人以前の独自で多彩な工匠的世界を描き出す。四六判288頁 '71

6 結び　額田巌

〈結び〉の発達は人間の叡知の結晶である。本書はその諸形態および技法を作業・装飾・象徴の三つの系譜に辿り、〈結び〉のすべてを民俗学的・人類学的に考察する。四六判264頁 '72

7 塩　平島裕正

人類史に貴重な役割を果たしてきた塩をめぐって、発見から伝承・製造技術の発展過程にいたる総体を歴史的に描き出すとともに、その多彩な効用と味覚の秘密を解く。四六判272頁 '73

8 はきもの　潮田鉄雄

田下駄・かんじき・わらじなど、日本人の生活の礎となってきた伝統的はきものの成り立ちと変遷を、二〇年余の実地調査と細密な観察・描写によって辿る庶民生活史　四六判280頁 '73

9 城　井上宗和

古代城塞・城柵から近世代名の居城として集大成されるまでの日本の城の変遷を辿り、文化の各領野で果たしてきたその役割を再検討。あわせて世界城郭史に位置づける。四六判310頁 '73

10 竹　室井綽

食生活、建築、民芸、造園、信仰等々にわたって、竹と人間との交流史は驚くほど深く永い。その多岐にわたる発展の過程を個々に辿り、竹の特異な性格を浮彫にする。四六判324頁 '73

11 海藻　宮下章

古来日本人にとって生活必需品とされてきた海藻をめぐって、その採取・加工法の変遷、商品としての流通史および神事・祭事での役割に至るまでを歴史的に考証する。四六判330頁 '74

12 絵馬 岩井宏實

古くは祭礼における神への献馬にはじまり、民間信仰と絵画のみごとな結晶として民衆の手で描かれ祀り伝えられてきた各地の絵馬を豊富な写真と史料によってたどる。四六判302頁 '74

13 機械 吉田光邦

畜力・水力・風力などの自然のエネルギーを利用し、幾多の改良を経て形成された初期の機械の歩みを検証し、日本文化の形成における科学・技術の役割を再検討する。四六判242頁 '74

14 狩猟伝承 千葉徳爾

狩猟には古来、感謝と慰霊の祭祀がともない、人獣交渉の豊かで意味深い歴史があった。狩猟用具、巻物、儀式具、またけものたちの生態を通して語る狩猟文化の世界。四六判346頁 '75

15 石垣 田淵実夫

採石から運搬、加工、石積みに至るまで、石垣の造成をめぐって積み重ねられてきた石工たちの苦闘の足跡を掘り起こし、その独自な技術の形成過程と伝承を集成する。四六判224頁 '75

16 松 高嶋雄三郎

日本人の精神史に深く根をおろした松の伝承に光を当て、食用、薬用等の実用の松、祭祀・観賞用の松、さらに文学・芸能・美術に表現された松のシンボリズムを説く。四六判342頁 '75

17 釣針 直良信夫

人と魚との出会いから現在に至るまで、釣針がたどった一万有余年の変遷を、世界各地の遺跡出土物を通して実証しつつ、漁撈によって生きた人々の生活と文化を探る。四六判278頁 '76

18 鋸 吉川金次

鋸鍛冶の家に生まれ、鋸の研究を生涯の課題とする著者が、出土遺品や文献・絵画により各時代の鋸を復元・実験し、庶民の手仕事にみられる驚くべき合理性を実証する。四六判360頁 '76

19 農具 飯沼二郎／堀尾尚志

鍬と犂の交代・進化の歩みとして発達したわが国農耕文化の発展経過を世界史的視野において再検討しつつ、無名の農民たちによる驚くべき創意のかずかずを記録する。四六判220頁 '76

20 包み 額田巖

結びとともに文化の起源にかかわる〈包み〉の系譜を人類史的視野において捉え、衣・食・住をはじめ社会・経済史、信仰、祭事などにおけるその実際と役割とを描く。四六判354頁 '77

21 蓮 阪本祐二

仏教における蓮の象徴的位置の成立と深化、美術・文芸等に見る人間とのかかわりを歴史的に考察。また大賀蓮はじめ多様な品種とその来歴を紹介しつつその美を語る。四六判306頁 '77

22 ものさし 小泉袈裟勝

ものをつくる人間にとって最も基本的な道具であり、数千年にわたって社会生活を律してきたその変遷を実証的に追求し、歴史の中で果たしてきた役割を浮彫りにする。四六判314頁 '77

23-I 将棋I 増川宏一

その起源を古代インドに、我国への伝播の道すじを海のシルクロードに探り、また伝来後一千年におよぶ日本将棋の変化と発展を盤、駒、ルール等にわたって跡づける。四六判280頁 '77

23-Ⅱ **将棋Ⅱ** 増川宏一

わが国伝来後の普及と変遷を貴族や武家・豪商の日記等に博捜し、遊戯者の歴史をあとづけると共に、中国伝来説の誤りを正し、将棋宗家の位置と役割を明らかにする。　四六判３４６頁 '85

24 **湿原祭祀** 第2版 金井典美

古代日本の自然環境に着目し、各地の湿原聖地を稲作社会との関連において捉え直して古代国家成立の背景を浮彫にしつつ、水と植物にまつわる日本人の宇宙観を探る。　四六判４１０頁 '77

25 **臼** 三輪茂雄

臼が人類の生活文化の中で果たしてきた役割を、各地に遺る貴重な民俗資料・伝承と実地調査にもとづいて解明。失われゆく道具のなかに、未来の生活文化の姿を探る。　四六判４１２頁 '78

26 **河原巻物** 盛田嘉徳

中世末期以来の被差別部落民が生きる権利を守るために偽作し護り伝えてきた河原巻物を全国にわたって踏査し、そこに秘められた最底辺の人びとの叫びに耳を傾ける。　四六判２２６頁 '78

27 **香料** 日本のにおい 山田憲太郎

焼香供養の香から趣味としての薫物へ、さらに沈香木を焚く香道へと変遷した日本の「匂い」の歴史を豊富な史料に基づいて辿り、我国風俗史の知られざる側面を描く。　四六判３７０頁 '78

28 **神像** 神々の心と形 景山春樹

神仏習合によって変貌しつつも、常にその原型＝自然を保持してきた日本の神々の造型を図像学的方法によって捉え直し、その多彩な形象に日本人の精神構造をさぐる。　四六判３４２頁 '78

29 **盤上遊戯** 増川宏一

祭具・占具としての発生を『死者の書』をはじめとする古代の文献にさぐり、形状・遊戯法を分類しつつその〈進化〉の過程を考察。〈遊戯者たちの歴史〉をも跡づける。　四六判３２６頁 '78

30 **筆** 田淵実夫

筆の里・熊野に筆づくりの現場を訪ねて、筆匠たちの境涯と製筆の由来を克明に記録しつつ、筆の発生と変遷、種類、製筆法、さらには筆塚、筆供養にまで説きおよぶ。　四六判２０４頁 '78

31 **ろくろ** 橋本鉄男

日本の山野を漂移しつづけ、高度の技術文化と幾多の伝説とをもたらした特異な旅職集団＝木地屋の生態を、その呼称、地名、伝承、文書等をもとに生き生きと描く。　四六判４６０頁 '79

32 **蛇** 吉野裕子

日本古代信仰の根幹をなす蛇巫をめぐって、祭事におけるさまざまな蛇の「もどき」や各種の蛇の造型・伝承に鋭い考証を加え、忘れられたその呪性を大胆に暴き出す。　四六判２５０頁 '79

33 **鋏**（はさみ） 岡本誠之

梃子の原理の発見から鋏の誕生に至る過程を推理し、日本鋏の特異な歴史的位置を明らかにするとともに、刀鍛冶等から転進した鋏職人たちの創意と苦闘の跡をたどる。　四六判３９６頁 '79

34 **猿** 廣瀬鎮

嫌悪と愛玩、軽蔑と畏敬の交錯する日本人とサルとの関わりあいの歴史を、狩猟伝承や祭祀・風習、美術・工芸や芸能のなかに探り、日本人の動物観を浮彫りにする。　四六判２９２頁 '79

35 **鮫** 矢野憲一

神話の時代から今日まで、津々浦々につたわるサメの伝承とサメをめぐる海の民俗を集成し、神饌、食用、薬用等に活用されてきたサメと人間のかかわりの変遷を描く。四六判２９２頁 '79

36 **枡** 小泉袈裟勝

米の経済の枢要をなす器として千年余にわたり日本人の生活の中に生きてきた枡の変遷をたどり、記録・伝承をもとにこの独特な計量器が果たした役割を再検討する。四六判３２２頁 '80

37 **経木** 田中信清

食品の包装材料として近年まで身近に存在した経木の起源を、こけら経や塔婆、木簡、屋根板等に遡って明らかにし、その製造・流通に携った人々の労苦の足跡を辿る。四六判２８８頁 '80

38 **色** 染と色彩 前田雨城

わが国古代の染色技術の復元と文献解読をもとに日本色彩史を体系づけ、赤・白・青・黒等におけるわが国独自の色彩感覚を探りつつ日本文化における色の構造を解明。四六判３２０頁 '80

39 **狐** 陰陽五行と稲荷信仰 吉野裕子

その伝承と文献を渉猟しつつ、中国古代哲学＝陰陽五行の原理の応用という独自の視点から、謎とされてきた稲荷信仰と狐との密接な結びつきを明快に解き明かす。四六判２３２頁 '80

40-Ⅰ **賭博Ⅰ** 増川宏一

時代、地域、階層を超えて連綿と行なわれてきた賭博。——その起源を古代の神判、スポーツ、遊戯等の中に探り、抑圧と許容の歴史を物語る。全Ⅲ分冊の〈総説篇〉。四六判２９８頁 '80

40-Ⅱ **賭博Ⅱ** 増川宏一

古代インド文学の世界からラスベガスまで、賭博の形態・用具・方法の時代的特質を明らかにし、夥しい禁令に賭博の不滅のエネルギーを見る。全Ⅲ分冊の〈外国篇〉。四六判４５６頁 '82

40-Ⅲ **賭博Ⅲ** 増川宏一

聞香、闘茶、笠附等、わが国独特の賭博を中心にその具体例を網羅し、方法の変遷に賭博の時代性を探りつつ禁令の改廃に時代の賭博観を追う。全Ⅲ分冊の〈日本篇〉。四六判３８８頁 '83

41-Ⅰ **地方仏Ⅰ** むしゃこうじ・みのる

古代から中世にかけて全国各地で作られた無銘の仏像を訪ね、素朴で多様なノミの跡に民衆の祈りと地域の願望を探る。宗教の伝播、文化の創造を考える異色の紀行。四六判２５６頁 '80

41-Ⅱ **地方仏Ⅱ** むしゃこうじ・みのる

紀州や飛騨を中心に草の根の仏たちを訪ねて、その相好と像容の魅力を探り、技法を比較考証して仏像彫刻史に位置づけつつ、中世地域社会の形成と信仰の実態に迫る。四六判２６０頁 '97

42 **南部絵暦** 岡田芳朗

田山・盛岡地方で「盲暦」として古くから親しまれてきた独得の絵解き暦を詳しく紹介しつつその全体像を復元する。その無類の生活暦は、南部農民の哀歓をつたえる。四六判２８８頁 '80

43 **野菜** 在来品種の系譜 青葉高

蕪、大根、茄子等の日本在来野菜をめぐって、その渡来・伝播経路、品種分布と栽培のいきさつを各地の伝承や古記録をもとに辿り、畑作文化の源流とその風土を描く。四六判３６８頁 '81

44 **つぶて** 中沢厚

弥生投弾、古代・中世の石戦と印地の様相、投石具の発達を展望しつつ、願かけの小石、正月つぶて、石こづみ等の習俗を辿り、石塊に託した民衆の願いや怒りを探る。四六判３３８頁 '81

45 **壁** 山田幸一

弥生時代から明治期に至るわが国の壁の変遷を壁塗＝左官工事の側面から辿り直し、その技術的復元・考証を通じて建築史・文化史における壁の役割を浮き彫りにする。四六判２９６頁 '81

46 **箪笥**（たんす） 小泉和子

近世における箪笥の出現＝箱から抽斗への転換に着目し、以降近現代に至るその変遷を社会・経済・技術の側面からあとづける。著者自身による箪笥製作の記録を付す。四六判３７８頁 '82

47 **木の実** 松山利夫

山村の重要な食糧資源であった木の実をめぐる各地の記録・伝承を集成し、その採集・加工における幾多の試みを実地に検証しつつ、稲作農耕以前の食生活文化を復元。四六判３８４頁 '82

48 **秤**（はかり） 小泉袈裟勝

秤の起源を東西に探るとともに、わが国律令制下における中国制度の導入、近世商品経済の発展に伴う秤座の出現、明治期近代化政策による洋式秤受容等の経緯を描く。四六判３２６頁 '82

49 **鶏**（にわとり） 山口健児

神話・伝説をはじめ遠い歴史の中の鶏を古今東西の伝承・文献に探り、特に我国の信仰・絵画・文学等に遺された鶏の足跡を追って、鶏をめぐる民俗の記憶を蘇らせる。四六判３４６頁 '83

50 **燈用植物** 深津正

人類が燈火を得るために用いてきた多種多様な植物との出会いと個々の植物の来歴、特性及びはたらきを詳しく検証しつつ「あかり」の原点を問いなおす異色の植物誌。四六判４４２頁 '83

51 **斧・鑿・鉋**（おの・のみ・かんな） 吉川金次

古墳出土品や文献・絵画をもとに、古代から現代までの斧・鑿・鉋を復元・実験し、労働体験によって生まれた民衆の知恵と道具の変遷を蘇らせる異色の日本木工具史。四六判３０４頁 '84

52 **垣根** 額田巌

大和・山辺の道に神々と垣との関わりを探り、各地に垣の伝承を訪ねて、寺院の垣、民家の垣、露地の垣など、風土と生活に培われた生垣の独特のはたらきと美を描く。四六判２３４頁 '84

53-Ⅰ **森林Ⅰ** 四手井綱英

森林生態学の立場から、森林のなりたちとその生活史を辿りつつ、産業の発展と消費社会の拡大により刻々と変貌する森林の現状を語り、未来への再生のみちをさぐる。四六判３０６頁 '85

53-Ⅱ **森林Ⅱ** 四手井綱英

森林と人間との多様なかかわりを包括的に語り、人と自然が共生するための森や里山をいかにして創出するか、森林再生への具体的な方策を提示する21世紀への提言。四六判３０８頁 '98

53-Ⅲ **森林Ⅲ** 四手井綱英

地球規模で進行しつつある森林破壊の現状を実地に踏査し、森と人が共存する日本人の伝統的自然観を未来へ伝えるために、いま何が必要なのかを具体的に提言する。四六判３０４頁 '00

54 海老（えび） 酒向昇

人類との出会いからエビの科学、漁法、さらには調理法を語り、めでたい姿態と色彩にまつわる多彩なエビの民俗を、地名や人名、詩歌・文学、絵画や芸能の中に探る。四六判４２８頁 '85

55-Ⅰ 藁（わら）Ⅰ 宮崎清

稲作農耕とともに二千年余の歴史をもち、日本人の全生活領域に生きてきた藁の文化を日本文化の原型として捉え、風土に根ざしたそのゆたかな遺産を詳細に検討する。四六判４００頁 '85

55-Ⅱ 藁（わら）Ⅱ 宮崎清

床・畳から壁・屋根にいたる住居における藁の製作・使用のメカニズムを明らかにし、日本人の生活空間における藁の役割を見なおすとともに、藁の文化の復権を説く。四六判４００頁 '85

56 鮎 松井魁

清楚な姿態と独特な味覚によって、日本人の目と舌を魅了しつづけてきたアユ――その形態と分布、生態、漁法等を詳述し、古今のアユ料理や文芸にみるアユにおよぶ。四六判２９６頁 '86

57 ひも 額田巌

物と物、人と物とを結びつける不思議な力を秘めた「ひも」の謎を追って、民俗学的視点から多角的なアプローチを試みる。『結び』、『包み』につづく三部作の完結篇。四六判２５０頁 '86

58 石垣普請 北垣聰一郎

近世石垣の技術者集団「穴太」の足跡を辿り、各地城郭の石垣遺構の実地調査と資料・文献をもとに石垣普請の歴史的系譜を復元しつつ石工たちの技術伝承を集成する。四六判４３８頁 '87

59 碁 増川宏一

その起源を古代の盤上遊戯に探ると共に、定着以来二千年の歴史を時代の状況や遊び手の社会環境との関わりにおいて跡づける。逸話や伝説を排して綴る初の囲碁全史。四六判３６６頁 '87

60 日和山（ひよりやま） 南波松太郎

千石船の時代、航海の安全のために観天望気した日和山――多くは忘れられ、あるいは失われた船舶・航海史の貴重な遺跡を追って、全国津々浦々におよんだ調査紀行。四六判３８２頁 '88

61 篩（ふるい） 三輪茂雄

臼とともに人類の生産活動に不可欠な道具であった篩、箕(み)、笊(ざる)の多彩な変遷を豊富な図解入りでたどり、現代技術の先端に再生するまでの歩みをえがく。四六判３３４頁 '89

62 鮑（あわび） 矢野憲一

縄文時代以来、貝肉の美味と貝殻の美しさによって日本人を魅了し続けてきたアワビ――その生態と養殖、神饌としての歴史、漁法、螺鈿の技法からアワビ料理に及ぶ。四六判３４４頁 '89

63 絵師 むしゃこうじ・みのる

日本古代の渡来画工から江戸前期の菱川師宣まで、時代の代表的絵師の列伝で辿る絵画制作の文化史。前近代社会における絵画の意味や芸術創造の社会的条件を考える。四六判２３０頁 '90

64 蛙（かえる） 碓井益雄

動物学の立場からその特異な生態を描き出すとともに、和漢洋の文献資料を駆使して故事・習俗・神事・民話・文芸・美術工芸にわたる蛙の多彩な活躍ぶりを活写する。四六判３８２頁 '89

65—Ⅰ 藍（あい）Ⅰ 風土が生んだ色 竹内淳子

全国各地の〈藍の里〉を訪ねて、藍栽培から染色・加工のすべてにわたり、藍とともに生きた人々の伝承を克明に描き、風土と人間が生んだ〈日本の色〉の秘密を探る。四六判４１６頁 '91

65—Ⅱ 藍（あい）Ⅱ 暮らしが育てた色 竹内淳子

日本の風土に生まれ、伝統に育てられた藍が、今なお暮らしの中で生き生きと活躍しているさまを、手わざに生きる人々との出会いを通じて描く。藍の里紀行の続篇。四六判４０６頁 '99

66 橋 小山田了三

丸木橋・舟橋・吊橋から板橋・アーチ型石橋まで、人々に親しまれてきた各地の橋を訪ねて、その来歴と築橋の技術伝承を辿り、土木文化の伝播・交流の足跡をえがく。四六判３１２頁 '91

67 箱 宮内悊

日本の伝統的な箱（櫃）と西欧のチェストを比較文化史の視点から考察し、居住・収納・運搬・装飾の各分野における箱の重要な役割とその多彩な文化を浮彫りにする。四六判３９０頁 '91

68—Ⅰ 絹Ⅰ 伊藤智夫

養蚕の起源を神話や説話に探り、伝来の時期とルートを跡づけ、記紀・万葉の時代から近世に至るまで、それぞれの時代・社会・階層が生み出した絹の文化を描き出す。四六判３０４頁 '92

68—Ⅱ 絹Ⅱ 伊藤智夫

生糸と絹織物の生産と輸出が、わが国の近代化にはたした役割を描くと共に、養蚕の道具、信仰や庶民生活にわたる養蚕と絹の民俗、さらには蚕の種類と生態におよぶ。四六判２９４頁 '92

69 鯛（たい） 鈴木克美

古来「魚の王」とされてきた鯛をめぐって、その生態・味覚から漁法、祭り、工芸、文芸にわたる多彩な伝承文化を語りつつ、鯛と日本人とのかかわりの原点をさぐる。四六判４１８頁 '92

70 さいころ 増川宏一

古代神話の世界から近現代の博徒の動向まで、さいころの役割を各時代・社会に位置づけ、木の実や貝殻のさいころから投げ棒型や立方体のさいころへの変遷をたどる。四六判３７４頁 '92

71 木炭 樋口清之

炭の起源から炭焼、流通、経済、文化にわたる木炭の歩みを歴史・考古・民俗の知見を総合して描き出し、独自で多彩な文化を育んできた木炭の尽きせぬ魅力を語る。四六判２９６頁 '93

72 鍋・釜（なべ・かま） 朝岡康二

日本をはじめ韓国、中国、インドネシアなど東アジアの各地を歩きながら鍋・釜の製作と使用の現場に立ち会い、調理をめぐる庶民生活の変遷とその交流の足跡を探る。四六判３２６頁 '93

73 海女（あま） 田辺悟

その漁の実際と社会組織、風習、信仰、民具などを克明に描くとともに海女の起源・分布・交流を探り、わが国漁撈文化の古層としての海女の生活と文化をあとづける。四六判２９４頁 '93

74 蛸（たこ） 刀禰勇太郎

蛸をめぐる信仰や多彩な民間伝承を紹介するとともに、その生態・分布・捕獲法・繁殖と保護・調理法などを集成し、日本人と蛸との知られざるかかわりの歴史を探る。四六判３７０頁 '94

75 **曲物**（まげもの） 岩井宏實

桶・樽出現以前から伝承され、古来最も簡便・重宝な木製容器として愛用された曲物の加工技術と機能・利用形態の変遷をさぐり、手づくりの「木の文化」を見なおす。 四六判３１８頁 '94

76-I **和船I** 石井謙治

江戸時代の海運を担った千石船（弁才船）について、その構造と技術、帆走性能を綿密に調査し、通説の誤りを正すとともに、海難と信仰、船絵馬等の考察にもおよぶ。 四六判４３６頁 '95

76-II **和船II** 石井謙治

造船史から見た著名な船を紹介し、遣唐使船や遣欧使節船、幕末の洋式船における外国技術の導入について論じつつ、船の名称と船型を海船・川船にわたって解説する。 四六判３１６頁 '95

77-I **反射炉I** 金子功

日本初の佐賀鍋島藩の反射炉と精練方＝理化学研究所、島津藩の反射炉と集成館＝近代工場群を軸に、日本の産業革命の時代における人と技術を現地に訪ねて発掘する。 四六判２４４頁 '95

77-II **反射炉II** 金子功

伊豆韮山の反射炉をはじめ、全国各地の反射炉建設にかかわった有名無名の人々の足跡をたどり、開国か攘夷かに揺れる幕末の政治と社会の悲喜劇をも生き生きと描く。 四六判２２６頁 '95

78-I **草木布**（そうもくふ）**I** 竹内淳子

風土に育まれた布を求めて全国各地を歩き、木綿普及以前に山野の草木を利用して豊かな衣生活文化を築き上げてきた庶民の知られざる知恵のかずかずを実地にさぐる。 四六判２８２頁 '95

78-II **草木布**（そうもくふ）**II** 竹内淳子

アサ、クズ、シナ、コウゾ、カラムシ、フジなどの草木の繊維から、どのようにして糸を採り、布を織っていたのか——聞書きをもとに忘れられた技術と文化を発掘する。 四六判２８２頁 '95

79-I **すごろくI** 増川宏一

古代エジプトのセネト、ヨーロッパのバクギャモン、中近東のナルド、中国の双陸などの系譜に日本の盤雙六を位置づけ、遊戯・賭博としてのその数奇なる運命を辿る。 四六判３１２頁 '95

79-II **すごろくII** 増川宏一

ヨーロッパの鵞鳥のゲームから日本中世の浄土双六、近世の華麗な絵双六、さらには近現代の少年誌の附録まで、絵双六の変遷を追って時代の社会・文化を読みとる。 四六判３９０頁 '95

80 **パン** 安達巖

古代オリエントに起ったパン食文化が中国・朝鮮を経て弥生時代の日本に伝えられたことを史料と伝承をもとに解明し、わが国パン食文化二〇〇〇年の足跡を描き出す。 四六判２６０頁 '96

81 **枕**（まくら） 矢野憲一

神さまの枕・大嘗祭の枕から枕絵の世界まで、人生の三分の一を共に過す枕をめぐって、その材質の変遷を辿り、伝説と怪談、俗信と民俗、エピソードを興味深く語る。 四六判２５２頁 '96

82-I **桶・樽**（おけ・たる）**I** 石村真一

日本、中国、朝鮮、ヨーロッパにわたる厖大な資料を集成してその豊かな文化の系譜を探り、東西の木工技術史を比較しつつ世界史的視野から桶・樽の文化を描き出す。 四六判３８８頁 '97

82-Ⅱ　桶・樽（おけ・たる）Ⅱ　石村真一

多数の調査資料と絵画・民俗資料をもとにその製作技術を復元し、東西の木工技術を比較考証しつつ、技術文化史の視点から桶・樽製作の実態とその変遷を跡づける。　'97　四六判３７２頁

82-Ⅲ　桶・樽（おけ・たる）Ⅲ　石村真一

樹木と人間とのかかわり、製作者と消費者とのかかわりを通じて桶樽と生活文化の変遷を考察し、木材資源の有効利用という視点から桶樽の文化史的役割を浮彫にする。　'97　四六判３５２頁

83-Ⅰ　貝Ⅰ　白井祥平

世界各地の現地調査と文献資料を駆使して、古来至高の財宝とされてきた宝貝のルーツとその変遷を探り、貝と人間とのかかわりの歴史を「貝貨」の文化史として描く。　'97　四六判３８６頁

83-Ⅱ　貝Ⅱ　白井祥平

サザエ、アワビ、イモガイなど古来人類とかかわりの深い貝をめぐって、その生態・分布・地方名、装身具や貝貨としての利用法などを豊富なエピソードを交えて語る。　'97　四六判３２８頁

83-Ⅲ　貝Ⅲ　白井祥平

シンジュガイ、ハマグリ、アカガイ、シャコガイなどをめぐって世界各地の民族誌を渉猟し、それらが人類文化に残した足跡を辿る。参考文献一覧／総索引を付す。　'97　四六判３９２頁

84　松茸（まつたけ）　有岡利幸

秋の味覚として古来珍重されてきた松茸の由来を求めて、稲作文化と里山（松林）の生態系から説きおこし、日本人の伝統的生活文化の中に松茸流行の秘密をさぐる。　'97　四六判２９６頁

85　野鍛冶（のかじ）　朝岡康二

鉄製農具の製作・修理・再生を担ってきた農鍛冶の歴史的役割を探り、近代化の大波の中で変貌する職人技術の実態をアジア各地のフィールドワークを通して描き出す。　'98　四六判２８０頁

86　稲　品種改良の系譜　菅　洋

作物としての稲の誕生、稲の渡来と伝播の経緯から説きおこし、明治以降主として庄内地方の民間育種家の手によって飛躍的発展をとげたわが国品種改良の歩みを描く。　'98　四六判３３２頁

87　橘（たちばな）　吉武利文

永遠のかぐわしい果実として日本の神話・伝説に特別の位置を占めて語り継がれてきた橘をめぐって、その育まれた風土とかずかずの伝承の中に日本文化の特質を探る。　'98　四六判２８６頁

88　杖（つえ）　矢野憲一

神の依代としての杖や仏教の錫杖に杖と信仰とのかかわりを探り、人類が突きつつ歩んだその歴史と民俗を興味ぶかく語る。多彩な材質と用途を網羅した杖の博物誌。　'98　四六判３１４頁

89　もち（糯・餅）　渡部忠世／深澤小百合

モチイネの栽培・育種から食品加工、民俗、儀礼にわたってそのルーツと伝承の足跡をたどり、アジア稲作文化という広範な視野からこの特異な食文化の謎を解明する。　'98　四六判３３０頁

90　さつまいも　坂井健吉

その栽培の起源と伝播経路を跡づけるとともに、わが国伝来後四百年の経緯を詳細にたどり、世界に冠たる育種と栽培・利用法を築いた人々の知られざる足跡をえがく。　'99　四六判３２８頁

91 珊瑚（さんご） 鈴木克美

海岸の自然保護に重要な役割を果たす岩石サンゴから宝飾品として知られる宝石サンゴまで、人間生活と深くかかわってきたサンゴの多彩な姿を人類文化史として描く。 四六判３７０頁 '99

92-Ⅰ 梅Ⅰ 有岡利幸

万葉集、源氏物語、五山文学などの古典や天神信仰に表れた梅の足跡を克明に辿りつつ日本人の精神史に刻印された梅を浮彫にし、梅と日本人の二〇〇〇年史を描く。 四六判２７４頁 '99

92-Ⅱ 梅Ⅱ 有岡利幸

その植生と栽培、伝承、梅の名所や鑑賞法の変遷から戦前の国定教科書に表れた梅まで、梅と日本人との多彩なかかわりを探り、桜との対比において梅の文化史を描く。 四六判３３８頁 '99

93 木綿口伝（もめんくでん） 第2版 福井貞子

老女たちからの聞書を経糸とし、厖大な遺品・資料を緯糸として、母から娘へと幾代にも伝えられた手づくりの木綿文化を掘り起し、近代の木綿の盛衰を描く。増補版 四六判３３６頁 '00

94 合せもの 増川宏一

「合せる」には古来、一致させるの他に、競う、闘う、比べる等の意味があった。貝合せや絵合せ等の遊戯・賭博を中心に、広範な人間の営みを「合せる」行為に辿る。 四六判３００頁 '00

95 野良着（のらぎ） 福井貞子

明治初期から昭和四〇年までの野良着を収集・分類・整理し、それらの用途と年代、形態、材質、重量、呼称などを精査して、働く庶民の創意にみちた生活史を描く。 四六判２９２頁 '00

96 食具（しょくぐ） 山内昶

東西の食文化に関する資料を渉猟し、食法の違いを人間の自然に対するかかわり方の違いとして捉えつつ、食具を人間と自然をつなぐ基本的な媒介物として位置づける。 四六判２９２頁 '00

97 鰹節（かつおぶし） 宮下章

黒潮からの贈り物・カツオの漁法から鰹節の製法や食法、商品としての流通までを歴史的に展望するとともに、沖縄やモルジブ諸島の調査をもとにそのルーツを探る。 四六判３８２頁 '00

98 丸木舟（まるきぶね） 出口晶子

先史時代から現代の高度文明社会まで、もっとも長期にわたり使われてきた刳り舟に焦点を当て、その技術伝承を辿りつつ、森や水辺の文化の広がりと動態をえがく。 四六判３２４頁 '01

99 梅干（うめぼし） 有岡利幸

日本人の食生活に不可欠の自然食品・梅干をつくりだした先人たちの知恵に学ぶとともに、健康増進に驚くべき薬効を発揮する、その知られざるパワーの秘密を探る。 四六判３００頁 '01

100 瓦（かわら） 森郁夫

仏教文化と共に中国・朝鮮から伝来し、一四〇〇年にわたり日本の建築を飾ってきた瓦をめぐって、発掘資料をもとにその製造技術、形態、文様などの変遷をたどる。 四六判３２０頁 '01

101 植物民俗 長澤武

衣食住から子供の遊びまで、幾世代にも伝承された植物をめぐる暮らしの知恵を克明に記録し、高度経済成長期以前の農山村の豊かな生活文化を愛惜をこめて描き出す。 四六判３４８頁 '01

102 **箸**（はし） 向井由紀子／橋本慶子

そのルーツを中国、朝鮮半島に探るとともに、日本人の食生活に不可欠の食具となり、日本文化のシンボルとされるまでに洗練された箸の文化の変遷を総合的に描く。 四六判３３４頁 '01

103 **採集** ブナ林の恵み 赤羽正春

縄文時代から今日に至る採集・狩猟民の暮らしを復元し、動物の生態系と採集生活の関連を明らかにしつつ、民俗学と考古学の両面から山に生かされた人々の姿を描く。 四六判２９８頁 '01

104 **下駄** 神のはきもの 秋田裕毅

古墳や井戸等から出土する下駄に着目し、下駄が地上と地下の他界を結ぶ聖なるはきものであったという大胆な仮説を提出、日本の神々の忘れられた側面を浮彫にする。 四六判３０４頁 '02

105 **絣**（かすり） 福井貞子

膨大な絣遺品を収集・分類し、絣産地を実地に調査して絣の技法と文様の変遷を地域別・時代別に跡づけ、明治・大正・昭和の手づくりの染織文化の盛衰を描き出す。 四六判３１０頁 '02

106 **網**（あみ） 田辺悟

漁網を中心に、網に関する基本資料を網羅して網の変遷と網をめぐる民俗を体系的に描き出し、網の文化を集成する。「網に関する小事典」「網のある博物館」を付す。 四六判３１６頁 '02

107 **蜘蛛**（くも） 斎藤慎一郎

「土蜘蛛」の呼称で畏怖される一方「クモ合戦」など子供の遊びとしても親しまれてきたクモと人間との長い交渉の歴史をその深層に遡って追究した異色のクモ文化論。 四六判３２０頁 '02

108 **襖**（ふすま） むしゃこうじ・みのる

襖の起源と変遷を建築史・絵画史の中に探りつつその用と美を浮彫にし、衝立・障子・屏風等と共に日本建築の空間構成に不可欠の建具となるまでの経緯を描き出す。 四六判２７０頁 '02

109 **漁撈伝承**（ぎょろうでんしょう） 川島秀一

漁師たちからの聞き書きをもとに、寄り物、船霊、大漁旗など、漁撈にまつわる〈もの〉の伝承を集成し、海の道によって運ばれた習俗や信仰の民俗地図を描き出す。 四六判３３４頁 '03

110 **チェス** 増川宏一

世界中に数億人の愛好者を持つチェスの起源と文化を、欧米における膨大な研究の蓄積を渉猟しつつ探り、日本への伝来の経緯から美術工芸品としてのチェスにおよぶ。 四六判２９８頁 '03

111 **海苔**（のり） 宮下章

海苔の歴史は厳しい自然とのたたかいの歴史だった——採取から養殖、加工、流通、消費に至る先人たちの苦難の歩みを史料と実地調査によって浮彫にする食物文化史。 四六判１７２頁 '03

112 **屋根** 檜皮葺と柿葺 原田多加司

屋根葺師一〇代の著者が、自らの体験と職人の本懐を語り、連綿として受け継がれてきた伝統の手わざを体系的にたどりつつ伝統技術の保存と継承の必要性を訴える。 四六判３４０頁 '03

113 **水族館** 鈴木克美

初期水族館の歩みを創始者たちの足跡を通して辿りなおし、水族館をめぐる社会の発展と風俗の変遷を描き出すとともにその未来像をさぐる初の〈日本水族館史〉の試み。 四六判２９０頁 '03

114 **古着**（ふるぎ） 朝岡康二

仕立てと着方、管理と保存、再生と再利用等にわたり衣生活の変容を近代の日常生活の変化として捉え直し、衣服をめぐるリサイクル文化が形成される経緯を描き出す。四六判２９２頁 '03

115 **柿渋**（かきしぶ） 今井敬潤

染料・塗料をはじめ生活百般の必需品であった柿渋の伝承を記録し、文献資料をもとにその製造技術と利用の実態を明らかにして、忘れられた豊かな生活技術を見直す。四六判２９４頁 '03

116-Ⅰ **道Ⅰ** 武部健一

道の歴史を先史時代から説き起こし、古代律令制国家の要請によって駅路が設けられ、しだいに幹線道路として整えられてゆく経緯を技術史・社会史の両面からえがく。四六判２４８頁 '03

116-Ⅱ **道Ⅱ** 武部健一

中世の鎌倉街道、近世の五街道、近代の開拓道路から現代の高速道路網までを通観し、道路を拓いた人々の手によって今日の交通ネットワークが形成された歴史を語る。四六判２８０頁 '03

117 **かまど** 狩野敏次

日常の煮炊きの道具であるとともに祭りと信仰に重要な位置を占めてきたカマドをめぐる忘れられた伝承を掘り起こし、民俗空間の壮大なコスモロジーを浮彫りにする。四六判２９２頁 '04

118-Ⅰ **里山Ⅰ** 有岡利幸

縄文時代から近世までの里山の変遷を人々の暮らしと植生の変化の両面から跡づけ、その源流を記紀万葉に描かれた里山の景観や大和・三輪山の古記録・伝承等に探る。四六判２７６頁 '04

118-Ⅱ **里山Ⅱ** 有岡利幸

明治の地租改正による山林の混乱、相次ぐ戦争による山野の荒廃、エネルギー革命、高度成長による大規模開発など、近代化の荒波に翻弄される里山の見直しを説く。四六判２７４頁 '04

119 **有用植物** 菅　洋

人間生活に不可欠のものとして利用されてきた身近な植物たちの来歴と栽培・育種・品種改良・伝播の経緯を平易に語り、植物と共に歩んだ文明の足跡を浮彫にする。四六判３２４頁 '04

120-Ⅰ **捕鯨Ⅰ** 山下渉登

世界の海で展開された鯨と人間との格闘の歴史を振り返り、「大航海時代」の副産物として開始された捕鯨業の誕生以来四〇〇年にわたる盛衰の社会的背景をさぐる。四六判３１４頁 '04

120-Ⅱ **捕鯨Ⅱ** 山下渉登

近代捕鯨の登場により鯨資源の激減を招き、捕鯨の規制・管理のための国際条約締結に至る経緯をたどり、グローバルな課題としての自然環境問題を浮き彫りにする。四六判３１２頁 '04

121 **紅花**（べにばな） 竹内淳子

栽培、加工、流通、利用の実際を現地に探訪して紅花とかかわってきた人々からの聞き書きを集成し、忘れられた〈紅花文化〉を復元しつつその豊かな味わいを見直す。四六判３４６頁 '04

122-Ⅰ **もののけⅠ** 山内昶

日本の妖怪変化、未開社会の〈マナ〉、西欧の悪魔やデーモンを比較考察し、名づけ得ぬ未知の対象を指す万能のゼロ記号〈もの〉をめぐる人類文化史を跡づける博物誌。四六判３２０頁 '04

122-Ⅱ ものの けⅡ 山内昶

日本の鬼、古代ギリシアのダイモン、中世の異端狩り・魔女狩り等々をめぐり、自然＝カオスと文化＝コスモスの対立の中で〈野生の思考〉が果たしてきた役割をさぐる。四六判２８０頁 '04

123 染織（そめおり） 福井貞子

自らの体験と厖大な残存資料をもとに、糸づくりから織り、染めにわたる手づくりの豊かな生活文化を見直す。創意にみちた手わざのかずかずを復元する庶民生活誌。四六判２９４頁 '05

124-Ⅰ 動物民俗Ⅰ 長澤武

神として崇められたクマやシカをはじめ、人間にとって不可欠の鳥獣や魚、さらには人間を脅かす動物など、多種多様な動物たちと交流してきた人々の暮らしの民俗誌。四六判２６４頁 '05

124-Ⅱ 動物民俗Ⅱ 長澤武

動物の捕獲法をめぐる各地の伝承を紹介するとともに、全国で語り継がれてきた多彩な動物民話・昔話を渉猟し、暮らしの中で培われた動物フォークロアの世界を描く。四六判２６６頁 '05

125 粉（こな） 三輪茂雄

粉体の研究をライフワークとする著者が、粉食の発見からナノテクノロジーまで、人類文明の歩みを〈粉〉の視点から捉え直した壮大なスケールの〈文明の粉体史観〉 四六判３０２頁 '05

126 亀（かめ） 矢野憲一

浦島伝説や「兎と亀」の昔話によって親しまれてきた亀のイメージの起源を探り、古代の亀卜の方法から、亀にまつわる信仰と迷信、鼈甲細工やスッポン料理におよぶ。四六判３３０頁 '05

127 カツオ漁 川島秀一

一本釣り、カツオ漁場、船上の生活、船霊信仰、祭りと禁忌など、カツオ漁にまつわる漁師たちの伝承を集成し、黒潮に沿って伝えられた漁民たちの文化を掘り起こす。四六判３７０頁 '05

128 裂織（さきおり） 佐藤利夫

木綿の風合いと強靭さを生かした裂織の技と美をすぐれたリサイクル文化として見なおす。東西文化の中継地・佐渡の古老たちからの聞書をもとに歴史と民俗をえがく。四六判３０８頁 '05

129 イチョウ 今野敏雄

「生きた化石」として珍重されてきたイチョウの生い立ちと人々の生活文化とのかかわりの歴史をたどり、この最古の樹木に秘められたパワーを最新の中国文献にさぐる。四六判３１２頁〔品切〕 '05

130 広告 八巻俊雄

のれん、看板、引札からインターネット広告までを通観し、いつの時代にも広告が人々の暮らしと密接にかかわって独自の文化を形成してきた経緯を描く広告の文化史。四六判２７６頁 '06

131-Ⅰ 漆（うるし）**Ⅰ** 四柳嘉章

全国各地で発掘された考古資料を対象に科学的解析を行ない、縄文時代から現代に至る漆の技術と文化を跡づける試み。漆が日本人の生活と精神に与えた影響を探る。四六判２７４頁 '06

131-Ⅱ 漆（うるし）**Ⅱ** 四柳嘉章

遺跡や寺院等に遺る漆器を分析し体系づけるとともに、絵巻物や文学作品の考証を通じて、職人や産地の形成、漆工芸の地場産業としての発展の経緯などを考察する。四六判２１６頁 '06

132 **まな板** 石村眞一

日本、アジア、ヨーロッパ各地のフィールド調査と考古・文献・絵画・写真資料をもとにまな板の素材・構造・使用法を分類し、多様な食文化とのかかわりをさぐる。 四六判３７２頁 '06

133-Ⅰ **鮭・鱒**（さけ・ます）**Ⅰ** 赤羽正春

鮭・鱒をめぐる民俗研究の前史から現在までを概観するとともに、原初的な漁法から商業的漁法にわたる多彩な漁法と用具、漁場と社会組織の関係などを明らかにする。 四六判２９２頁 '06

133-Ⅱ **鮭・鱒**（さけ・ます）**Ⅱ** 赤羽正春

鮭漁をめぐる行事、鮭捕り衆の生活等を聞き取りによって再現し、人工孵化事業の発展とそれを担った先人たちの業績を明らかにするとともに、鮭・鱒の料理におよぶ。 四六判３５２頁 '06

134 **遊戯** その歴史と研究の歩み 増川宏一

古代から現代まで、日本と世界の遊戯の歴史を概説し、内外の研究者との交流の中で得られた最新の知見をもとに、研究の出発点と目的を論じ、現状と未来を展望する。 四六判２９６頁 '06

135 **石干見**（いしひみ） 田和正孝編

沿岸部に石垣を築き、潮汐作用を利用して漁獲する原初的漁法を日・韓・台に残る遺構と伝承の調査・分析をもとに復元し、東アジアの伝統的漁撈文化を浮彫りにする。 四六判３３２頁 '07

136 **看板** 岩井宏實

江戸時代から明治・大正・昭和初期までの看板の歴史を生活文化史の視点から考察し、多種多様な生業の起源と変遷を多数の図版をもとに紹介する〈図説商売往来〉。 四六判２６６頁 '07

137-Ⅰ **桜Ⅰ** 有岡利幸

そのルーツと生態から説きおこし、和歌や物語に描かれた古代社会の桜観から「花は桜木、人は武士」の江戸の花見の流行まで、日本人と桜のかかわりの歴史をさぐる。 四六判３８２頁 '07

137-Ⅱ **桜Ⅱ** 有岡利幸

明治以後、軍国主義と愛国心のシンボルとして政治的に利用されてきた桜の近代史を辿るとともに、日本人の生活と共に歩んだ「咲く花、散る花」の栄枯盛衰を描く。 四六判４００頁 '07

138 **麴**（こうじ） 一島英治

日本の気候風土の中で稲作と共に育まれた麴菌のすぐれたはたらきの秘密を探り、醸造化学に携わった人々の足跡をたどりつつ醱酵食品と日本人の食生活文化を考える。 四六判２４４頁 '07

139 **河岸**（かし） 川名登

近世初頭、河川水運の隆盛と共に物流のターミナルとして賑わい、船旅や遊廓などをもたらした河岸（川の港）の盛衰を河岸に生きる人々の暮らしの変遷としてえがく。 四六判３００頁 '07

140 **神饌**（しんせん） 岩井宏實／日和祐樹

土地に古くから伝わる食物を神に捧げる神饌儀礼に祭りの本義を探り、近畿地方主要神社の伝統的儀礼をつぶさに調査して、豊富な写真と共にその実際を明らかにする。 四六判３７４頁 '07

141 **駕籠**（かご） 櫻井芳昭

その様式、利用の実態、地域ごとの特色、車の利用を抑制する交通政策との関連から駕籠かきたちの風俗までを明らかにし、日本交通史の知られざる側面に光を当てる。 四六判２９４頁 '07

142 **追込漁**（おいこみりょう）　川島秀一

沖縄の島々をはじめ、日本各地で今なお行なわれている沿岸漁撈を実地に精査し、魚の生態と自然条件を知り尽した漁師たちの知恵と技を見直しつつ漁業の原点を探る。　四六判３６８頁　'08

143 **人魚**（にんぎょ）　田辺悟

ロマンとファンタジーに彩られて世界各地に伝承される人魚の実像をもとめて東西の人魚誌を渉猟し、フィールド調査と膨大な資料をもとに集成したマーメイド百科。　四六判３５２頁　'08

144 **熊**（くま）　赤羽正春

狩人たちからの聞き書きをもとに、かつては神として崇められた熊と人間との精神史的な関係をさぐり、熊を通して人間の生存可能性にもおよぶユニークな動物文化史。　四六判３８４頁　'08

145 **秋の七草**　有岡利幸

『万葉集』で山上憶良がうたいあげて以来、千数百年にわたり秋を代表する植物として日本人にめでられてきた七種の草花の知られざる伝承を掘り起こす植物文化誌。　四六判３０６頁　'08

146 **春の七草**　有岡利幸

厳しい冬の季節に芽吹く若菜に大地の生命力を感じ、春の到来を祝い新年の息災を願う「七草粥」などとして食生活の中に巧みに取り入れてきた古人たちの知恵を探る。　四六判２７２頁　'08

147 **木綿再生**　福井貞子

自らの人生遍歴と木綿を愛する人々との出会いを織り重ねて綴り、優れた文化遺産としての木綿衣料を紹介しつつ、リサイクル文化としての木綿再生のみちを模索する。　四六判２６６頁　'09

148 **紫**（むらさき）　竹内淳子

今や絶滅危惧種となった紫草（ムラサキ）を育てる人びとと、伝統の紫根染を今に伝える人びとを全国にたずね、貝紫染の始原を求めて吉野ヶ里におよぶ「むらさき紀行」。　四六判３２４頁　'09

149-Ⅰ **杉Ⅰ**　有岡利幸

その生態、天然分布の状況から各地における栽培・育種、利用にいたる歩みを弥生時代から今日までの人間の営みの中で捉えなおし、わが国林業史を展望しつつ描き出す。　四六判２８２頁　'10

149-Ⅱ **杉Ⅱ**　有岡利幸

古来神の降臨する木として崇められるとともに生活のさまざまな場面で活用され、絵画や詩歌に描かれてきた杉の文化をたどり、さらに「スギ花粉症」の原因を追究する。　四六判２７８頁　'10

150 **井戸**　秋田裕毅（大橋信弥編）

弥生中期になぜ井戸は突然出現するのか。飲料水など生活用水ではなく、祭祀用の聖なる水を得るためだったのではないか。目的や構造の変遷、宗教との関わりをたどる。　四六判２６０頁　'10

151 **楠**（くすのき）　矢野憲一／矢野高陽

語源と字源、分布と繁殖、文学や美術における楠から医薬品としての利用、キューピー人形や樟脳の船まで、楠と人間の関わりの歴史を辿りつつ自然保護の問題に及ぶ。　四六判３３４頁　'10

152 **温室**　平野恵

温室は明治時代に欧米から輸入された印象があるが、じつは江戸時代半ばから「むろ」という名の保温設備があった。絵巻や小説、遺跡などより浮かび上がる歴史。　四六判３１０頁　'10

153 **檜**（ひのき）　有岡利幸

建築・木彫・木材工芸に最良の材としてわが国の〈木の文化〉に重要な役割を果たしてきた檜。その生態から保護・育成・生産・流通・加工までの変遷をたどる。　四六判３２０頁　'11

154 **落花生**　前田和美

南米原産の落花生が大航海時代にアフリカ経由で世界各地に伝播していく歴史をたどるとともに、日本で栽培を始めた先覚者や食文化との関わりを紹介する。　四六判３１２頁　'11

155 **イルカ**（海豚）　田辺悟

神話・伝説の中のイルカ、イルカをめぐる信仰から、漁撈伝承、食文化の伝統と保護運動の対立までを幅広くとりあげ、ヒトと動物との関係はいかにあるべきかを問う。　四六判３３０頁　'11

156 **輿**（こし）　櫻井芳昭

古代から明治初期まで、千二百年以上にわたって用いられてきた輿の種類と変遷を探り、天皇の行幸や斎王群行、姫君たちの輿入れにおける使用の実態を明らかにする。　四六判２５２頁　'11

157 **桃**　有岡利幸

魔除けや若返りの呪力をもつ果実として神話や昔話に語り継がれ、近年古代遺跡から大量出土して祭祀との関連が注目される桃。日本人との多彩な関わりを考察する。　四六判３２８頁　'12

158 **鮪**（まぐろ）　田辺悟

古文献に描かれ記されたマグロを紹介し、漁法・漁具から運搬と流通・消費、漁民たちの暮らしと民俗・信仰までを探りつつ、マグロをめぐる食文化の未来にもおよぶ。　四六判３５０頁　'12

159 **香料植物**　吉武利文

クロモジ、ハッカ、ユズ、セキショウ、ショウノウなど、日本の風土で育った植物から香料をつくりだす人びとの営みを現地に訪ね、伝統技術の継承・発展を考える。　四六判２９０頁　'12

160 **牛車**（ぎっしゃ）　櫻井芳昭

牛車の盛衰を交通史や技術史との関連で探り、絵巻や日記・物語等に描かれた牛車の種類と構造、利用の実態を明らかにして、読者を平安の「雅」の世界へといざなう。　四六判２２４頁　'12

161 **白鳥**　赤羽正春

世界各地の白鳥処女説話を博捜し、古代以来の人々が抱いた〈鳥への想い〉を明らかにするとともに、その源流を、白鳥をトーテムとする中央シベリアの白鳥族に探る。　四六判３５８頁　'12